読みなおす
日本史

天皇家と源氏

臣籍降下の皇族たち

奥富敬之

吉川弘文館

いているわけではない。虚と実の二項で全体をまとめようとした意図は、いくつかある。息は絶えているのに、死んでいないことにして墓へ送る速懸。実態はなにもないのに、ケガレが及んだとして慎みを求める制度。禁令に反して、御師の黙認によりごく普通に参宮していた被差別民。「附髪」を身にまとうだけで参宮を許される僧侶。総じて、参宮客によって成り立つ社会ゆえに、清浄さを保つという「タテマエ」を守るため、様々に「ゴマカシ」を図らねばならない構造。こうした伊勢特有の特徴について、史料分析を始めた当初は、江戸時代の伊勢の地はいかにいい加減なものだったのか、それをいささか揶揄する気分も、正直なところ持っていた。だが、原理原則に従い「間違い」を排し「正しい」ことのみを是とするのは西洋近代的な発想であり、理非や正邪の二項対立を止揚した、一見「あやふやな」対応にも、実は可能性があるのではないか。いや、それこそが日本の伝統的で柔軟な思考方式でもあったのではなかろうか、という感覚を持つようになった。

そこに生きる人びとも同様である。神事を務めない神主、神聖で厳粛なはずの世界におけるあまりに世俗的で剥き出しの金銭欲と役職争い。奉公契約を守らず恋人と逃げる遊女、領主の指示や約束を破り旅人を騙す商売人たち。当時の社会にあっても、表沙汰になれば否定されざるを得ないのだが、それらは繰り返され続けた。物理的にも経済的にも、「銭が飛び交う」伊勢や参宮街道沿いは、人びとの情念が渦巻き、嘘偽りやごまかし、ゆすり、

たかりが横行する場でもあった。

法的にも道義的、倫理的にも、正しさや決まりを守るだけでは生きていけない人間の現実は、江戸時代も現代も変わりはない。誰しもさまざまなしがらみにあえぎつつ、規定・原則や理想と現実との折り合いを付けながら、それでも必死に、けなげに、日々の暮らしを営んでいる。そうした人びとの悩みや苦しみ、思うに任せぬ生き方を描くのが、私の役目なのかもしれないと思った。もともと偉人の歴史的成功譚を読むのが苦手で、ちっぽけな庶民の、いささか滑稽で物悲しい失敗話の方が、自分の性に合っていた。

私だけではないだろうが、若い頃はきれい事を殊更に主張して波風を立て、幾度も後悔した。同時に近年は、崇高な理想や原理原則を、実態に合わないとして容易に捨て去ることが社会に広がっていることへの憤りも、感じるようになった。一方で、大学という限られた場でも、小さな価値と身近な人たちを守るために、抜け道を探ることも増えた。心ならず「裏ワザ」を用いて、落ち着かない思いもした。欺され、理不尽に憎まれる苦い思いも味わった。そのためか、伊勢で接した史料には、つい感情移入してしまうことが少なくなかった。

限られた史料から、観念や制度、論理ではなく、当時の人々の生き方、生々しい感覚、感情に迫ることを意識した。同時に、「ケガレ」と差別をめぐる言われなき誤解は解いて

おかねばならない、との強い思いもあった。全体の構成としてはいささかバランスの悪い形になってしまったが、それなりに自己主張を籠められたと思っている。文章を書くのは私たち著者の仕事だが、本を作るのは編集者なのだと改めて実感した次第である。

末尾ながら、本書の成り立ちにご協力、ご支援下さった皆様、そして神宮文庫を始め史料の利用をお許し頂いた諸機関に、心より御礼申し上げたい。

二〇二四年一月一五日

塚　本　明

参考文献

＊本文中に掲げた文献は割愛したものもある。

【史料集・自治体史類】
『文保記』『永正記』（『群書類従』）
『大神宮故事類纂』（皇學館大学神道研究所架蔵）
吉田暎二『新補　伊勢歌舞伎年代記』（放下房書屋、一九三三年）
『孝明天皇記　二』（平安神宮、一九六七年）
『神宮典略』（臨川書店、一九七〇～七一年）
『御仕置例類集』（名著出版、一九七一～七四年）
『神宮御杣山記録　第一巻』（神宮文庫、一九七四年）
三重県厚生会編『三重県部落史料集』前近代編、近代篇（三一書房、一九七四、七五年）
『神宮古典籍影印叢刊7　神宮参詣記　服紀』（皇學館大学、一九八四年）
『西国三十三所名所図会』（臨川書店、一九九一年）
『伊勢参宮名所図会』（臨川書店、一九九八年）
神宮史料輪読会編「神宮編年記」『皇學館大学神道研究所紀要』一六～二〇（二〇〇〇～〇四年）
『宇治山田市史資料』（伊勢市立図書館架蔵）
『宇治山田市史　上・下』（宇治山田市役所、一九二九年）

『三重県史　資料編　近代1政治行政1』（三重県、一九八七年）
『三重県史　資料編　近世4（下）』（三重県、一九九九年）
『三重県史　資料編　近世3（下）』（三重県、二〇一二年）
『明和町史　史料編第二巻　文書史料・解説』（明和町、二〇〇六年）
『大神宮叢書　神宮随筆大成』（吉川弘文館、二〇〇八年）

【研究書等】

井上頼寿『伊勢信仰と民俗』（神宮司庁、一九五五年）
大西源一『参宮の今昔』（神宮司庁、一九五六年）
大西源一『大神宮史要』（平凡社、一九六〇年）
部落問題研究所編『都市部落　その歴史と現状（改訂版）』（部落問題研究所出版部、一九六四年）
部落問題研究所編『部落の歴史と解放運動』（部落問題研究所、一九六五年）
日本宗教史研究会編『日本宗教史研究3　諸宗教との交渉』（法蔵館、一九六九年）
岩田準一『志摩のはしりがね』（中村幸昭、一九七二年）
横井清『中世民衆の生活文化』（東京大学出版会、一九七五年）
『部落の歴史　近畿編』（部落問題研究所、一九八二年）
新城常三『新稿社寺参詣の社会経済史的研究』（塙書房、一九八二年）
塚本学『生類をめぐる政治』（平凡社、一九八三年）

西垣晴次編『伊勢信仰　Ⅱ近世』（雄山閣、一九八四年）
池見澄隆「中世における神仏関係の一面―仏法禁忌を中心に―」（『日本仏教学会年報』五二、一九八六年）
横井清「犬狩」（京都部落史研究所編『中世の民衆と芸能』阿吽社、一九八六年）
黒田日出男『姿としぐさの中世史』（平凡社、一九八六年）
西山克『道者と地下人―中世末期の伊勢―』（吉川弘文館、一九八七年）
塚田孝『近世日本身分制の研究』（兵庫部落問題研究所、一九八七年）
藤枝恵子「幕末の伊勢神宮と山田奉行」（『日本史研究』三〇五、一九八八年）
岡田重精『斎忌の世界―その機構と変容―』（国書刊行会、一九八九年）
高埜利彦『近世日本の国家権力と宗教』（東京大学出版会、一九八九年）
深谷克己『近世の国家・社会と天皇』（校倉書房、一九九一年）
山本幸司『穢と大祓』（平凡社、一九九二年）
北爪壹「上州新田郡・村田村・小金井村の被差別部落の実像―村田村検地帳と「伊勢参宮にまつわる長吏村方騒動」の分析から―」（東日本部落解放研究所・歴史論集Ⅰ『東日本の近世部落の具体像』東日本部落解放研究所、明石書店、一九九二年）
『講座　前近代の天皇　三』（青木書店、一九九三年）
阪本是丸『明治維新と国学者』（大明堂、一九九三年）
阪本是丸『国家神道形成過程の研究』（岩波書店、一九九四年）

高橋美由紀『伊勢神道の成立と展開』（大明堂、一九九四年）
五島敏芳「近世被差別民の「参詣」について―武州下和名の場合―」『水と村の歴史―信州農村開発史研究所紀要―』九、一九九四年）
盛田嘉徳『中世賤民と雑芸能の研究』（雄山閣出版、一九九四年）
峰岸賢太郎『近世被差別民史の研究』（校倉書房、一九九六年）
上野茂編『被差別民の精神世界―部落史観の転換―』（明石書店、一九九六年）
義江彰夫『神仏習合』（岩波書店、一九九六年）
今井金吾編『道中記集成』（大空社、一九九六～九八年）
今井金吾『江戸の旅風俗』（大空社、一九九七年）
のびしょうじ『食肉の部落史』（明石書店、一九九八年）
久保貴子『近世の朝廷運営』（岩田書院、一九九八年）
林由紀子『近世服忌令の研究―幕藩制国家の喪と穢―』（清文堂出版、一九九八年）
辻本正教『ケガレ意識と部落差別を考える』（解放出版社、一九九九年）
阪本是丸「廃仏毀釈と国家神道―神仏の習合から分離への道程―」（『歴史と地理』五四〇、二〇〇〇年）
國學院大學日本文化研究所編『大中臣祭主　藤波家の研究』（続群書類従完成会、二〇〇〇年）
保谷徹編『幕末維新と情報』（吉川弘文館、二〇〇一年）
勝田至『日本中世の墓と葬送』（吉川弘文館、二〇〇六年）

井上智勝『近世の神社と朝廷権威』（吉川弘文館、二〇〇七年）
中川学『近世の死と政治文化―鳴物停止と穢―』（吉川弘文館、二〇〇九年）
島薗進『国家神道と日本人』（岩波新書、二〇一〇年）
千枝大志『中近世伊勢神宮地域の貨幣と商業組織』（岩田書院、二〇一一年）
ジョン・ブリーン『神都物語―伊勢神宮の近現代史―』（吉川弘文館、二〇一五年）
ジョン・ブリーン編『変容する聖地　伊勢』（思文閣出版、二〇一六年）
谷戸佑紀『近世前期神宮御師の基礎的研究』（岩田書院、二〇一八年）

【拙著・拙稿・共編著等】

塚本明『近世伊勢神宮領の触穢観念と被差別民』（清文堂出版、二〇一四年）
同『江戸時代の熊野街道と旅人たち』（塙書房、二〇二二年）
同「山田奉行の裁許権」（『三重大史学』二、二〇〇二年）
同「近世伊勢神宮神主の人事制度について」（『三重大史学』一四、二〇一四年）
『三重県史　通史編　近世2』（三重県、二〇二〇年）
『伊勢市史　第三巻　近世編』（伊勢市、二〇一三年）

著者紹介

一九六〇年、愛知県に生まれる
一九八三年、京都大学文学部史学科卒業
一九八九年、京都大学大学院文学研究科博士課程修了、博士（文学）
現在、三重大学人文学部教授

〔主要著書〕

『近世伊勢神宮領の触穢観念と被差別民』（清文堂出版、二〇一四年）
『鳥羽・志摩の海女―素潜り漁の歴史と現在―』（吉川弘文館、二〇一九年）
『江戸時代の熊野街道と旅人たち』（塙書房、二〇二二年）

歴史文化ライブラリー
590

伊勢参宮文化と街道の人びと
ケガレ意識と不埒者の江戸時代

二〇二四年（令和六）四月一日　第一刷発行

著　者　塚《つか》本《もと》明《あきら》
発行者　吉川道郎
発行所　株式会社 吉川弘文館
東京都文京区本郷七丁目二番八号
郵便番号一一三―〇〇三三
電話〇三―三八一三―九一五一〈代表〉
振替口座〇〇一〇〇―五―二四四
https://www.yoshikawa-k.co.jp/
印刷＝株式会社 平文社
製本＝ナショナル製本協同組合
装幀＝清水良洋・宮崎萌美

ISBN978-4-642-05990-9

刊行のことば

現今の日本および国際社会は、さまざまな面で大変動の時代を迎えておりますが、近づきつつある二十一世紀は人類史の到達点として、物質的な繁栄のみならず文化や自然・社会環境を謳歌できる平和な社会でなければなりません。しかしながら高度成長・技術革新にともなう急激な変貌は「自己本位な刹那主義」の風潮を生みだし、先人が築いてきた歴史や文化に学ぶ余裕もなく、いまだ明るい人類の将来が展望できていないようにも見えます。このような状況を踏まえ、よりよい二十一世紀社会を築くために、人類誕生から現在に至る「人類の遺産・教訓」としてのあらゆる分野の歴史と文化を「歴史文化ライブラリー」として刊行することといたしました。

小社は、安政四年（一八五七）の創業以来、一貫して歴史学を中心とした専門出版社として書籍を刊行しつづけてまいりました。その経験を生かし、学問成果にもとづいた本叢書を刊行し社会的要請に応えて行きたいと考えております。

現代は、マスメディアが発達した高度情報化社会といわれますが、私どもはあくまでも活字を主体とした出版こそ、ものの本質を考える基礎と信じ、本叢書をとおして社会に訴えてまいりたいと思います。これから生まれでる一冊一冊が、それぞれの読者を知的冒険の旅へと誘い、希望に満ちた人類の未来を構築する糧となれば幸いです。

吉川弘文館

歴史文化ライブラリー

1996.10

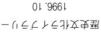

松陰の本棚 幕末志士たちの読書ネットワーク―桐原健真
龍馬暗殺―桐野作人
日本の開国と多摩 生糸・農兵・武州一揆―藤田 覚
幕末の海軍 明治維新への航跡―神谷大介
海辺を行き交うお触れ書き 浦触の語る徳川情報網―水本邦彦
江戸の海外情報ネットワーク―岩下哲典

近・現代史

江戸無血開城 本当の功労者は誰か？―岩下哲典
五稜郭の戦い 蝦夷地の終焉―菊池勇夫
水戸学と明治維新―吉田俊純
大久保利通と明治維新―佐々木 克
刀の明治維新「帯刀」は武士の特権か？―尾脇秀和
維新政府の密偵たち 御庭番と警察のあいだ―大日方純夫
京都に残った公家たち 華族の近代―刑部芳則
文明開化 失われた風俗―百瀬 響
大久保利通と東アジア 国家構想と外交戦略―勝田政治
明治の政治家と信仰 クリスチャン民権家の肖像―小川原正道
名言・失言の近現代史 上 1868―1945―村瀬信一
大元帥と皇族軍人 明治編―小田部雄次
皇居の近現代史 開かれた皇室像の誕生―河西秀哉
日本赤十字社と皇室 博愛か報国か―小菅信子
リーダーたちの日清戦争―佐々木雄一
陸軍参謀 川上操六 日清戦争の作戦指導者―大澤博明
軍隊を誘致せよ 陸海軍と都市形成―松下孝昭
軍港都市の一五〇年 横須賀・呉・佐世保・舞鶴―上杉和央
〈軍港都市〉横須賀 軍隊と共生する街―高村聰史
第一次世界大戦と日本参戦 揺らぐ日英同盟と日独の攻防―飯倉 章
日本酒の近現代史 酒造地の誕生―鈴木芳行
温泉旅行の近現代―高柳友彦
失業と救済の近代史―加瀬和俊
近代日本の就職難物語「高等遊民」になるけれど―町田祐一
難民たちの日中戦争 戦火に奪われた日常―芳井研一
昭和天皇とスポーツ〈玉体〉の近代史―坂上康博
大元帥と皇族軍人 大正・昭和編―小田部雄次
昭和陸軍と政治「統帥権」というジレンマ―高杉洋平
松岡洋右と日米開戦 大衆政治家の功と罪―服部 聡
唱歌「蛍の光」と帝国日本―大日方純夫
着物になった〈戦争〉時代が求めた戦争柄―乾 淑子
稲の大東亜共栄圏 帝国日本の〈緑の革命〉―藤原辰史
地図から消えた島々 幻の日本領と南洋探検家たち―長谷川亮一

自由主義は戦争を止められるのか 芦田均・清沢洌・石橋湛山――上田美和
軍用機の誕生 日本軍の航空戦略と技術開発――水沢　光
国産航空機の歴史 零戦・隼からYS－一一まで――笠井雅直
首都防空網と〈空都〉多摩――鈴木芳行
帝都防衛 戦争・災害・テロ――土田宏成
帝国日本の技術者たち――沢井　実
強制された健康 日本ファシズム下の生命と身体――藤野　豊
「自由の国」の報道統制 大戦下の日系ジャーナリズム――水野剛也
学徒出陣 戦争と青春――蜷川壽惠
特攻隊の〈故郷〉 霞ヶ浦・筑波山・北浦・鹿島灘――伊藤純郎
陸軍中野学校と沖縄戦 知られざる少年兵「護郷隊」――川満　彰
沖縄戦の子どもたち――川満　彰
沖縄からの本土爆撃 米軍出撃基地の誕生――林　博史
原爆ドーム 物産陳列館から広島平和記念碑へ――頴原澄子
米軍基地の歴史 世界ネットワークの形成と展開――林　博史
沖縄米軍基地全史――野添文彬
世界史のなかの沖縄返還――成田千尋
考証　東京裁判 戦争と戦後を読み解く――宇田川幸大
ふたつの憲法と日本人 戦前・戦後の憲法観――川口暁弘
戦後文学のみた〈高度成長〉――伊藤正直
首都改造 東京の再開発と都市政治――源川真希
鯨を生きる 鯨人の個人史・鯨食の同時代史――赤嶺　淳

文化史・誌

山寺立石寺 霊場の歴史と信仰――山口博之
神になった武士 平将門から西郷隆盛まで――高野信治
跋扈する怨霊 祟りと鎮魂の日本史――山田雄司
将門伝説の歴史――樋口州男
殺生と往生のあいだ 中世仏教と民衆生活――苅米一志
浦島太郎の日本史――三舟隆之
おみくじの歴史 神仏のお告げはなぜ詩歌なのか――平野多恵
〈ものまね〉の歴史 仏教・笑い・芸能――石井公成
スポーツの日本史 遊戯・芸能・武術――谷釜尋徳
戒名のはなし――藤井正雄
墓と葬送のゆくえ――森　謙二
運　慶 その人と芸術――副島弘道
ほとけを造った人びと 止利仏師から運慶・快慶まで――根立研介
祇園祭 祝祭の京都――川嶋將生
洛中洛外図屛風 つくられた〈京都〉を読み解く――小島道裕
化粧の日本史 美意識の移りかわり――山村博美
乱舞の中世 白拍子・乱拍子・猿楽――沖本幸子

歴史文化ライブラリー

神社の本殿 建築にみる神の空間——三浦正幸
古建築を復元する 過去と現在の架け橋——海野 聡
生きつづける民家 保存と再生の建築史——中村琢巳
大工道具の文明史 日本・中国・ヨーロッパの建築技術——渡邉 晶
苗字と名前の歴史——坂田 聡
日本人の姓・苗字・名前 人名に刻まれた歴史——大藤 修
日本料理の歴史——熊倉功夫
日本の味 醤油の歴史——林 玲子・天野雅敏編
中世の喫茶文化 儀礼の茶から「茶の湯」へ——橋本素子
香道の文化史——本間洋子
天皇の音楽史 古代・中世の帝王学——豊永聡美
話し言葉の日本史——野村剛史
ガラスの来た道 古代ユーラシアをつなぐ輝き——小寺智津子
たたら製鉄の歴史——角田徳幸
金属が語る日本史 銭貨・日本刀・鉄炮——齋藤 努
賃金の日本史 仕事と暮らしの一五〇〇年——高島正憲
書物と権力 中世文化の政治学——前田雅之
気候適応の日本史 人新世をのりこえる視点——中塚 武
災害復興の日本史——安田政彦

民俗学・人類学

古代ゲノムから見たサピエンス史——太田博樹
日本人の誕生 人類はるかなる旅——埴原和郎
倭人への道 人骨の謎を追って——中橋孝博
役行者と修験道の歴史——宮家 準
幽霊 近世都市が生み出した化物——髙岡弘幸
遠野物語と柳田國男 日本人のルーツをさぐる——新谷尚紀

世界史

ドナウの考古学 ネアンデルタール・ケルト・ローマ——小野 昭
神々と人間のエジプト神話 魔法・冒険・復讐の物語——大城道則
中国古代の貨幣 お金をめぐる人びとと暮らし——柿沼陽平
渤海国とは何か——古畑 徹
アジアのなかの琉球王国——高良倉吉
琉球国の滅亡とハワイ移民——鳥越皓之
イングランド王国前史 アングロサクソン七王国物語——桜井俊彰
ヒトラーのニュルンベルク 第三帝国の光と闇——芝 健介
帝国主義とパンデミック 医療と経済の東南アジア史——千葉芳広
人権の思想史——浜林正夫

考古学

タネをまく縄文人 最新科学が覆す農耕の起源——小畑弘己

イヌと縄文人 狩猟の相棒、神へのイケニエ――小宮 孟
顔の考古学 異形の精神史――設楽博己
〈新〉弥生時代 五〇〇年早かった水田稲作――藤尾慎一郎
弥生人はどこから来たのか 最新科学が解明する先史日本――藤尾慎一郎
文明に抗した弥生の人びと――寺前直人
樹木と暮らす古代人 木製品が語る弥生・古墳時代――樋上 昇
アクセサリーの考古学 倭と古代朝鮮の交渉史――高田貫太
古 墳――土生田純之
古墳を築く――一瀬和夫
東国から読み解く古墳時代――若狭 徹
東京の古墳を探る――松崎元樹
埋葬からみた古墳時代 女性・親族・王権――清家 章
鏡の古墳時代――下垣仁志
神と死者の考古学 古代のまつりと信仰――笹生 衛
土木技術の古代史――青木 敬
大極殿の誕生 古代天皇の象徴に迫る――重見 泰
国分寺の誕生 古代日本の国家プロジェクト――須田 勉
東大寺の考古学 よみがえる天平の大伽藍――鶴見泰寿
海底に眠る蒙古襲来 水中考古学の挑戦――池田榮史
中世かわらけ物語 もっとも身近な日用品の考古学――中井淳史
ものがたる近世琉球 喫煙・園芸・豚飼育の考古学――石井龍太

古代史

邪馬台国の滅亡 大和王権の征服戦争――若井敏明
日本語の誕生 古代の文字と表記――沖森卓也
日本国号の歴史――小林敏男
日本神話を語ろう イザナキ・イザナミの物語――中村修也
六国史以前 日本書紀への道のり――関根 淳
東アジアの日本書紀 歴史書の誕生――遠藤慶太
〈聖徳太子〉の誕生――大山誠一
倭国と渡来人 交錯する「内」と「外」――田中史生
大和の豪族と渡来人 葛城・蘇我氏と大伴・物部氏――加藤謙吉
物部氏 古代氏族の起源と盛衰――篠川 賢
東アジアからみた「大化改新」――仁藤敦史
白村江の真実 新羅王・金春秋の策略――中村修也
よみがえる古代山城 国際戦争と防衛ライン――向井一雄
よみがえる古代の港 古地形を復元する――石村 智
古代氏族の系図を読み解く――鈴木正信
古代豪族と武士の誕生――森 公章
飛鳥の宮と藤原京 よみがえる古代王宮――林部 均
出雲国誕生――大橋泰夫

古代出雲——前田晴人
古代の皇位継承 天武系皇統は実在したか——遠山美都男
壬申の乱を読み解く——早川万年
戸籍が語る古代の家族——今津勝紀
古代の人・ひと・ヒト 名前と身体から歴史を探る——三宅和朗
疫病の古代史 天災、人災、そして——本庄総子
万葉集と古代史——直木孝次郎
郡司と天皇 地方豪族と古代国家——磐下 徹
地方官人たちの古代史 律令国家を支えた人びと——中村順昭
古代の都はどうつくられたか 中国・日本・朝鮮・渤海——吉田 歓
平城京に暮らす 天平びとの泣き笑い——馬場 基
平城京の住宅事情 貴族はどこに住んだのか——近江俊秀
すべての道は平城京へ 古代国家の〈支配の道〉——市 大樹
都はなぜ移るのか 遷都の古代史——仁藤敦史
古代の都と神々 怪異を吸いとる神社——榎村寛之
聖武天皇が造った都 難波宮・恭仁宮・紫香楽宮——小笠原好彦
天皇側近たちの奈良時代——十川陽一
藤原仲麻呂と道鏡 ゆらぐ奈良朝の政治体制——鷺森浩幸
古代の女性官僚 女官の出世・結婚・引退——伊集院葉子
〈謀反〉の古代史 平安朝の政治改革——春名宏昭
皇位継承と藤原氏 摂政・関白はなぜ必要だったのか——神谷正昌
王朝貴族と外交 国際社会のなかの平安日本——渡邊 誠
源氏物語を楽しむための王朝貴族入門——繁田信一
平安貴族の仕事と昇進 どこまで出世できるのか——井上幸治
平安朝 女性のライフサイクル——服藤早苗
平安貴族の住まい 寝殿造から読み直す日本住宅史——藤田勝也
平安京のニオイ——安田政彦
平安京の災害史 都市の危機と再生——北村優季
平安京はいらなかった 古代の夢を喰らう中世——桃崎有一郎
天神様の正体 菅原道真の生涯——森 公章
平将門の乱を読み解く——木村茂光
古代の神社と神職 神をまつる人びと——加瀬直弥
古代の食生活 食べる・働く・暮らす——吉野秋二
雪と暮らす古代の人々——相澤 央
古代の刀剣 日本刀の源流——小池伸彦
大地の古代史 土地の生命力を信じた人びと——三谷芳幸
時間の古代史 霊鬼の夜、秩序の昼——三宅和朗

中世史

列島を翔ける平安武士 九州・京都・東国——野口 実
源氏と坂東武士——野口 実

歴史文化ライブラリー

敗者たちの中世争乱 年号から読み解く——関 幸彦
戦死者たちの源平合戦 生への執着、死者への祈り——田辺 旬
熊谷直実 中世武士の生き方——高橋 修
中世武士 畠山重忠 秩父平氏の嫡流——清水 亮
頼朝と街道 鎌倉政権の東国支配——木村茂光
もう一つの平泉 奥州藤原氏第二の都市・比爪——羽柴直人
源頼家とその時代 二代目鎌倉殿と宿老たち——藤本頼人
六波羅探題 京を治めた北条一門——森 幸夫
大道 鎌倉時代の幹線道路——岡 陽一郎
仏都鎌倉の一五〇年——今井雅晴
鎌倉北条氏の興亡——奥富敬之
鎌倉幕府はなぜ滅びたのか——永井 晋
武田一族の中世——西川広平
三浦一族の中世——高橋秀樹
伊達一族の中世「独眼龍」以前——伊藤喜良
弓矢と刀剣 中世合戦の実像——近藤好和
その後の東国武士団 源平合戦以後——関 幸彦
曽我物語の史実と虚構——坂井孝一
鎌倉浄土教の先駆者 法然——中井真孝
親 鸞——平松令三
親鸞と歎異抄——今井雅晴
畜生・餓鬼・地獄の中世仏教史 因果応報と悪道——生駒哲郎
神や仏に出会う時 中世びとの信仰と絆——大喜直彦
神仏と中世人 宗教をめぐるホンネとタテマエ——衣川 仁
神風の武士像 蒙古合戦の真実——関 幸彦
鎌倉幕府の滅亡——細川重男
足利尊氏と直義 京の夢、鎌倉の夢——峰岸純夫
高 師直 室町新秩序の創造者——亀田俊和
新田一族の中世「武家の棟梁」への道——田中大喜
皇位継承の中世史 血統をめぐる政治と内乱——佐伯智広
地獄を二度も見た天皇 光厳院——飯倉晴武
南朝の真実 忠臣という幻想——亀田俊和
信濃国の南北朝内乱 悪党と八〇年のカオス——櫻井 彦
中世の巨大地震——矢田俊文
大飢饉、室町社会を襲う！——清水克行
中世の富と権力 寄進する人びと——湯浅治久
中世は核家族だったのか 民衆の暮らしと生き方——西谷正浩
出雲の中世 地域と国家のはざま——佐伯徳哉
中世武士の城——齋藤慎一
戦国の城の一生 つくる・壊す・蘇る——竹井英文

歴史文化ライブラリー

九州戦国城郭史 大名・国衆たちの築城記——岡寺 良
戦国期小田原城の正体 「難攻不落」と呼ばれる理由——佐々木健策
徳川家康と武田氏 信玄・勝頼との十四年戦争——本多隆成
戦国大名の兵粮事情——久保健一郎
戦国大名毛利家の英才教育 元就・隆元・輝元と妻たち——五條小枝子
戦国時代の足利将軍——山田康弘
足利将軍と御三家 吉良・石橋・渋川氏——谷口雄太
〈武家の王〉足利氏 戦国大名と足利的秩序——谷口雄太
室町将軍の御台所 日野康子・重子・富子——田端泰子
名前と権力の中世史 室町将軍の朝廷戦略——水野智之
摂関家の中世 藤原道長から豊臣秀吉まで——樋口健太郎
戦国貴族の生き残り戦略——岡野友彦
鉄砲と戦国合戦——宇田川武久
検証 川中島の戦い——村石正行
検証 長篠合戦——平山 優
検証 本能寺の変——谷口克広
明智光秀の生涯——諏訪勝則
加藤清正 朝鮮侵略の実像——北島万次
落日の豊臣政権 秀吉の憂鬱、不穏な京都——河内将芳
豊臣秀頼——福田千鶴
天下人たちの文化戦略 科学の眼でみる桃山文化——北野信彦
イエズス会がみた「日本国王」 天皇・将軍・信長・秀吉——松本和也
海賊たちの中世——金谷匡人
アジアのなかの戦国大名 西国の群雄と経営戦略——鹿毛敏夫
琉球王国と戦国大名 島津侵入までの半世紀——黒嶋 敏
天下統一とシルバーラッシュ 銀と戦国の流通革命——本多博之

各冊一七〇〇円～二一〇〇円（いずれも税別）

▽残部僅少の書目も掲載してあります。品切の節はご容赦下さい。
▽書目の一部は電子書籍、オンデマンド版もございます。詳しくは出版図書目録、または小社ホームページをご覧下さい。

目次

嵯峨源氏の成立　七
「源」姓と「平」姓　三
源氏二十一流　三九
一　嵯峨源氏　三九
①次男貞固親王の系統／②三男貞元親王の嫡男兼忠の系統／③三男貞元親王の次男兼信の系統／④四男貞平親王の系統／⑤五男貞保親王の嫡男国忠の系統／⑥五男貞保親王の次男国珍の系統／⑦六男貞純親王の嫡男経基の系統／⑧六男貞純親王の次男経生の系統／⑨七男貞辰親王の系統／⑩八男貞数親王の系統／⑪九男貞真親王の長男蕃基の系統／⑫九男貞
二　仁明源氏　四七
三　文徳源氏　五一
四　清和源氏　五八

真親王の次男蕃平の系統／⑬九男貞真親王の三男蕃固の系統／⑭九男貞真親王の四男元亮の系統／⑮十男貞頼親王の系統／⑯十一男長淵の系統／⑰十二男長猷の系統／⑱十三男長鑒の系統／⑲十四男長頼の系統

五　陽成源氏　七六
六　光孝源氏　八一
七　宇多源氏　八七
八　醍醐源氏　九八
九　村上源氏　一〇六
十　冷泉源氏　一一三
十一　花山源氏　一一四
十二　三条源氏　一一八
十三　後三条源氏　一二一
十四　後白河源氏　一二五
十五　順徳源氏　一三一
十六　後嵯峨源氏　一三三

十七　後深草源氏　一三八
十八　亀山源氏　一四〇
十九　後二条源氏　一四一
二十　後醍醐源氏　一四一
二十一　正親町源氏　一四五

平氏四流　一五〇

一　桓武平氏　一五〇
①葛原親王―高見王―平高望／②葛原親王―平高棟
二　仁明平氏　一五三
三　文徳平氏　一五四
四　光孝平氏　一五四

清和源氏の謎　一五五

「清和源氏」の略史　一六八

源平交替説　一九六

あとがき　二〇六
『天皇家と源氏』を読む　新井孝重　二〇七

嵯峨源氏の成立

都が奈良から京都に遷って、そろそろ二十年がたとうとしていた。弘仁五年（八一四）の五月八日である。

第五十二代嵯峨天皇は、きわめて重大な決意を、この日、ついに実行に移した。数多くの親王や内親王たちを、皇籍から抜いて、臣下の列に下したのである。

ちなみに天皇の御子たちは、男性なら親王、女性なら内親王という。その子や孫たちは王または女王で、総称して皇親という。いわゆる皇族のことである。

その皇親が皇族の籍から抜けることを、皇籍離脱という。その結果、必然的に臣下の列に下ることになるが、これが臣籍降下である。

皇籍離脱、臣籍降下にさいしては、必ず賜姓が行われる。天皇が姓名を与えるのである。天皇から姓名を受けるということには、政治的な意味がある。天皇を上位者であると認めて、忠誠を誓ったことになるのである。

だいたい姓名というのは、上位者である天皇から受けるものだった。中臣鎌足が藤原姓を与えられ、葛城王が橘を賜姓されたのが、それである。

そして天皇と皇親には、姓名はない。もし天皇に姓名があったら、

「誰から貰ったのだ?」

ということで、天皇より上位の者が存在することを、認めてしまうことになる。

とにかく日本国内では、天皇は最高の存在でなければならない。そのことの証拠として、天皇は姓名を持たないのである。

同じ理由で、皇親も皇親である限り、姓名を持ってはいない。だから臣籍降下するとなると、とたんに姓名が必要ということになる。そこで天皇から、賜姓してもらうことになる。

ところで、……

皇親を臣籍降下させた天皇は、なにも嵯峨天皇が最初だったというわけではない。

皇親をいつまでも皇親のままでおくと、ある皇親が次代の皇親を生み、その皇親がさらに次代の皇親を生んで行けば、皇親の人数は鼠算式に膨れ上がってしまい、やがては皇親の人数は、何千・何万から何十万人へと、増加してしまうことになる。

そのように皇親の人数が膨れ上がったら、とうてい皇室財政だけでは、面倒を見きれなくなる。やはり適当な時期になったら、ある程度の人数は、臣籍降下させなければならない。

だから極端なことを言えば、皇親の臣籍降下は、神代の頃から行われていたはずである。第十二代

景行天皇の皇子だった日本武尊の子孫というのが、奈良時代に鎌倉姓を名乗っていたという例もある。

奈良時代の律令制度では、皇親が臣籍降下する時期が、「継嗣令」で法的に定められていた。天皇の兄弟姉妹と皇子・皇女は、親王または内親王だった。天皇を第一世として、孫にあたる第三世から第五世までは、王号あるいは女王号が許されていた。だから臣籍降下するのは、第六世からだった。

しかし、実際には「継嗣令」は、かなり緩やかに運用されていた。たとえば第四十代天武天皇の第四皇子、長親王の系統は、七代目でも広井女王と名乗っていた。

(四〇代)
天武――長親王――長田王―┬―浄原王
　　　　　　　　　　　　└―広川王――雄河王――広井女王

しかし一般的には、第六世で臣籍降下したらしい。天平八年（七三六）十一月十一日、第三十代敏達天皇から六世目の葛城王が、臣籍降下して橘諸兄《もろえ》と賜姓されたのは、その好例である。ときに第四十五代聖武天皇の時期だった。

ところが奈良時代も中葉を過ぎると、状況が変わった。臣籍降下する世代が、しだいに早まる傾向が見られたのである。

第四十代天武天皇から四世目の和気王・細川王の兄弟が、天平勝宝七年（七五五）六月二十四日、臣籍降下して「岡」と賜姓されたのは、その最初の頃の例である。第四十六代孝謙天皇の時期だった。

奈良時代も押し詰まった延暦六年（七八七）二月五日、第五十代桓武天皇が行った臣籍降下は、注目するに充分だった。

異母弟の諸勝親王を臣籍降下させて、広根諸勝と賜姓しただけではなかった。自分の皇子である岡成親王まで臣籍降下させて、長岡岡成と賜姓したのである。いずれも天皇の皇子だったから、実に二世目での臣籍降下ということになる。

そして平安時代に入って直後の延暦十七年（七九八）閏五月二十三日、律令の「継嗣令」が改正された。五世目になっても王号を称してもよいが、皇親としての財政的などの待遇は受けられなくなったのである。

つまりは、

「皇室財政では、もう面倒は見てやれない。これからは、自分で喰って行け」

ということである。

こうして皇親としての世代の幅は、奈良時代の中葉より以降、しだいに狭くなって行ったのである。つまりは皇親の人数が、しだいに減少したということだった。

基本的な原因は、皇室財政の逼迫だった。皇親の生活を支えて行くだけの財政が、天皇家になくなってきたのである。つまり天皇家が、貧乏になったということだった。

奈良時代の前半頃までは、まだ律令制度が充分に機能していた。だから第四十五代聖武天皇は、全国の国ごとに国分寺と国分尼寺とを建立させ、さらに奈良に巨大な大仏を造ることもできた。しかし半面、聖武天皇がとった放漫財政策が、諸国を疲弊させたことも事実だった。皇室財政逼迫の遠因は、ここに求められるかも知れない。

そして奈良時代も後半にさしかかると、しだいに律令自体が機能しなくなってきた。あまりに理想的、観念的に過ぎて、現実の世情の変化に対応しきれなくなったのである。

このような状況の下で、第五十代桓武天皇の治世が展開された。奈良・平安両時代に跨って二十五年も続いた桓武天皇の治世は、数度にわたる蝦夷征討と、二度にわたる遷都を特徴とする。

打ち続いた外征には、もちろん莫大な費用がかかった。延暦三年（七八四）に長岡京（京都府長岡京市）に遷都し、十年後の延暦十三年に、またまた遷都して京都を都としたことは、これまた莫大な費用がかかった。

ちなみにこの時代の遷都も、決して容易なことではない。

条里制を布いて土地の区画を定め、碁盤の目のように縦横の道路を設け、さらに壮麗な宮殿なども建てるのである。それを僅々十年の間隔を置いただけで、二度も敢行したのである。莫大な費用と労働力が、桓武天皇の一令の下に消費された。

聖武天皇の時期より以降の律令制度の弛緩と、それを放置してきた歴代の無為無策とが、皇室収入の減少をもたらした。聖武・桓武両天皇がとった放漫財政策が、皇室支出を増大させた。そして収入減と支出増とが重なって、皇室財政を逼迫させたのである。

歴代の天皇がとった対応措置は、一策しかなかった。皇親の臣籍降下である。それもしだいに世代が繰り上がってきていたことは、すでに見た通りである。ついに桓武天皇にいたっては、自分の皇子の岡成親王まで、臣籍降下させている。

しかし所詮は、焼け石に水だった。支出の増大は避けられても、一定の支出には変わりはなく、収入の減少という状況は、まだまだ続いた。

そして今、積もり積もったツケが、嵯峨天皇のもとに廻ってきたのである。ちなみに嵯峨天皇は、桓武天皇の皇子だった。父帝のとった放漫財政策の尻拭いを、御子の嵯峨天皇がする結果になったとも、言えるかも知れない。

第五十二代嵯峨天皇は、史上に英明をもって知られている。しかし嵯峨天皇がとった対応策も、結局は従前のものと同じだった。やはり皇親を臣籍降下させるしか、思い付かなかったのである。

そして弘仁五年五月八日、嵯峨天皇は、きわめて重大な決意を、ついに実行に移した。『系図纂要』などによって見ると、信《まこと》、弘、常《ときわ》、明の四皇子と、貞姫、潔姫、全《うつ》姫、善姫の四皇女とを、一挙に臣籍降下させたのである。

このとき嵯峨天皇が、次のように語ったと、『日本紀略』は伝えている。

「男女の御子や、多く、いまだ子としての道を知らず。よって親王の号を除き、朝臣としての姓を賜わんと思う」

自分には御子が多いが、いずれも子としての道、つまり孝ということを知らない。だから皇族の籍から抜き、臣籍に降下させると、言ったのである。

〝子としての道を知らない〟と非難された皇親たちに、どのようなことかあったのか、いまとなってては、まったく判らない。

しかし嵯峨天皇自身が、「男女の御子や、多く」と認めているのは、まさに事実だった。このとき嵯峨天皇は、まだ二十九歳でしかなかった。

そして……

この日を最初として、以降、続けて御子たちが、次つぎと臣籍降下して行った。『系図纂要』・『本朝皇胤紹運録』などによると、次のようである。

十三皇子

寛・定・鎮・生・澄・安・清・融・勤・勝・啓・賢・継。

十一皇女

更姫・若姫・神姫・盈姫・声姫・容姫・端姫・吾姫・密姫・良姫・年姫。

最初の八人と合わせると、合計で三十二人になる。このほかに最後まで臣籍降下しなかった御子が、親王で六人、内親王で十二人もあったから、嵯峨天皇の御子の人数は、総計して五十人ということになる。

いずれにしても嵯峨天皇は、五十人の御子のうちから十八人を残して、三十二人を臣籍降下させたことになる。

これはまさに、未曾有のことだった。その人数の多かったこと、すべて天皇の御子で第二世でしかなかったこと、さらには父帝自身がとった措置だったことなどの点で、とにかく先例のないことだったのである。

臣籍降下した三十二人に賜姓された姓名が、みな一様《いちよう》に「源《みなもと》」姓だったということも、また見逃すことはできない。同じ兄弟であっても、「岡」姓と「清原」姓、「春原」姓と「弓削《ゆげ》」姓というように、一人一人別々の姓が賜姓されるのが、通例だったからである。

ちなみに今までに賜姓された姓名には、藤原・橘・清原・在原・春原・伏原・長谷・文室《ぶんや》（文屋）・広根・大江・弓削・夜須《やす》・長岡・岡などがあった。しかし「源」姓は、このたびが初例だった。

ちなみに中国魏《ぎ》王朝の歴史を記した『魏書』の一節である「源賀伝」に、次のような挿話が見られる。魏朝の世祖が、同族河西王の子の賀を臣籍降下させて、西平侯竜驤将軍に任じたときである。

「卿と朕とは、源を同じうす。事に因《よ》りて、姓を分かつ。今より『源』を、氏とすべし」

として、賀に「源」姓を賜与した。

ところで嵯峨天皇は、弘法大師空海、橘逸勢《はやなり》とともに、三筆と謳われた能書家だった。当然、中国の古典にも通暁しており、もちろん、『魏書』も読んでいたに違いない。

だから三十二人の御子たちに「源」姓を賜与したとき、『魏書』にあった故事も念頭にあったであろう。しかし「源」姓を考え付いたのは、『魏書』のみによっていたわけではなかったのではないだろうか。

はるか下って江戸時代、谷川士清は自著『和訓栞《わくんのしおり》』で、「みなもと、源をよめり。水元の義なり」とし、また玉木正英も『神代巻藻塩草《じんだいのまきもしおくさ》』で、「源ノ訓(よみ)ハ水元也」としている。

「源」の意味は「水元」、つまり。〝水源〟である。最初は小さい細流だが、しだいに水量を増して川になり、ついには滔々たる大河になるのである。

このようなことも嵯峨天皇は、念頭に置いていたに違いないのである。だから「源」姓を三十二人の御子たちに賜与したとき、

〝汝等は皇系なり。訳あって臣籍に下すも、のちのち大河のように発展すべし〟

という親としての願いが、「源」の文字に籠められていたのだろう。

臣籍降下した三十二人が、すべて一字名前だったということも、やはり注目される。『魏書』での源賀が、やはり一字名前だった。源賀のことが、先例になったのだろう。後世になっても、嵯峨天皇の皇胤系は、一字名前であり続けることになる。

最初に臣籍降下した八人には、「左京一条一坊」の地が与えられた。大内裏の東隣北側に位置し、北が一条大路、西が大宮大路、南が京都府庁裏の出水通り、東が西洞院大路になる。六町（約六五四メートル）四方だから、面積は四二万七七一六平方メートル、つまり一二万九六一〇坪ということになる。一人平均で、一万六二〇一坪である。

臣籍に下ったとはいうものの、それぞれに広大な家地が与えられたのである。最年長の信が、全員を代表して戸主《へぬし》になったという。

やや遅れて臣籍降下した二十四人については、どこが与えられたか不明である。同じ程度の広さの家地が、やはり与えられたものと思われる。

〝これからは、自分で喰って行け〟

ということで臣籍降下した三十二人は、以降は働いて稼ぐことになる。時代が時代だった。いずれも皇系ということもあって、中央官衙《かんが》での高級官僚になっている。

最年長だった信は、その故に「第一源氏」と呼ばれた。臣籍降下してから十一年目の天長二年（八二五）十月二十日、叔父（嵯峨天皇の弟）にあたる第五十三代淳和天皇から、従四位上の位階に叙され、翌三年正月二十七日には、侍従の官職に任じられた。

位階に応じて与えられる位田は二〇町で、だいたいの収穫は二〇〇石になるが、三パーセントの租税を払わねばならないから、実収入は一九四石になる。また侍従の職田は一二町で不輸租（免税）だから、一二〇石ほどの収入になる。

なお、信は以降、官職・位階ともに昇叙した。治部卿、播磨権守、左兵衛督、近江守、左近衛中将、左衛門督、武蔵守、中納言、大納言、皇太子傅、右近衛大将などを歴任して、貞観十年（八六八）閏十二月二十八日、五十九歳で死んだときには、正二位の左大臣になっていた。

没年時の年齢から逆算すると、臣籍降下したとき、信は五歳だったことになる。そして初めて位階を与えられたのは、十六歳のときだった。それまでの十一年間の生活は、よく判らない。

いずれにしても信は、立派に〝自分で喰って〟行ったのである。しかし子孫は、どうだったのだろうか。『尊卑分脈』によると、信の子孫は次のようだった。

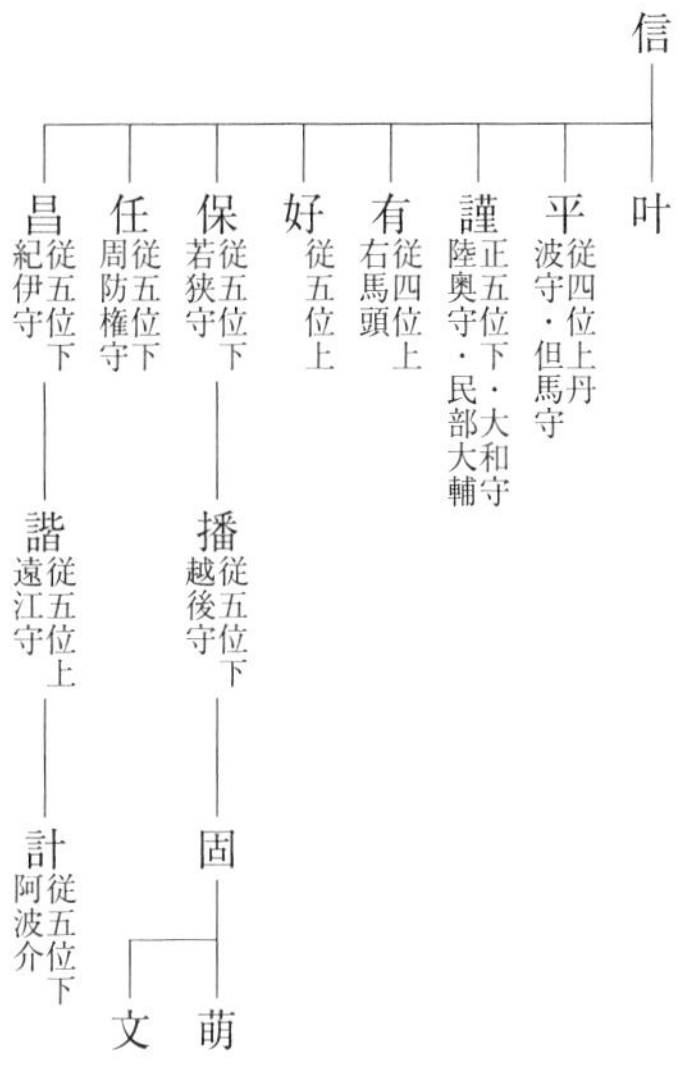

信の子八人は、だいたい四位から五位程度の位階を持ち、多く地方の国司を歴任している。名前の判る孫二人も、やはり五位で国司だった。しかし全体としては、代を重ねるごとに、しだいにか細くなっているように思われる。

臣籍降下した初代の信は、周囲から皇系として扱われて、ついには正二位の左大臣にまで立身することができた。しかし二代・三代と続くうちに、しだいに皇系ということからくる余光が、及ばなくなって行ったのだろう。なお、信の系統は京都の北辺に住んだということから、のちに苗字を「北《きた》辺《のべ》」としたという。

いずれにしても皇系という余光は、第二源氏の弘にも及んだらしい。

弘仁三年（八一二）に生まれた弘が臣籍降下したのは、三歳のときだった。しかし十七歳になった天長五年（八二八）正月二十四日、従四位下に叙された。位田二十町が与えられたのである。

弘
- 同 従五位上 侍従、大学頭
- 撰 従五位上 諸陵頭、安芸守 ― 平 安芸守
- 双 従五位下 諸陵頭
- 弼 従四位下 宮内卿 ― 忠 正五位下 丹波守 ― 治 従五位下 筑後守
- 道 従五位下 伊与守、内蔵助

- 希 従三位、侍従 民部卿中納言
  - 号 従五位下 丹波介
    - 都 学生
  - 等 従三位 大宰大弐主殿頭
    - 斉 左大弁 隠岐守
      - 識 従五位下 豊前守
    - 済 従五位上 淡路守
      - 撰 鎮守府将軍
      - 治 越前守
    - 学 従五位上 右衛門尉

以降、宮内卿、播磨権守、信濃守、刑部卿、美作守、治部卿、尾張守、左大弁、山城班田長官、中納言などを経て、貞観五年（八六三）正月二十五日、五十二歳で死んだときには、正三位の大納言だった。

弘自身は立派に〝自分で喰って〟行けたわけであるが、その子孫は第一源氏の場合と同様、しだいに先細りとなる。

第二源氏の末裔は、のち播磨広幡郷（姫路市広畑区）に住んで、「広幡」という苗字を称したという。

なお臣籍降下した三十二人の御子たちが、その後に昇り詰めた極位・極官と、子孫の極位と苗字などを表示すると、次のようである。

生涯、無位で無官だった澄と賢の二人には、なにか事情があったのかも知れない。この二人を除けば、臣籍降下した世代は、みな三位あるいは四位程度には昇叙されており、なかには、融のように従一位まで昇り詰めた者もある。

	極位	極官	苗字	子の極位	孫の極位	曾孫の極位
信	正二位	左大臣	北辺	従四上	従五上	従五下
弘	正三位	大納言	広幡	従三位	従三位	従五上
常	正二位	左大臣	東三条	従三位	従五下	従五下
明	正四下	刑部卿	横川	正四下	従四下	従五下
寛	正四下	大納言	四条	従五下		
定	正三位	大納言	賀陽院	従四上	従四上	従五上
鎮	従四上	無官	白雲			
生	正四下	大蔵卿		従五下		
澄	無位	無官	田中	従四上	従五上	従五下
安	従四下	備中守		従五下		
清	正四下	出家	秋篠			
融	従一位	左大臣	河原院	正三位	従五下	従五下
勤	従三位	左衛門督	西七条	従四上	従五下	従五下
勝	従三位	出家	竹田	従五下	従五下	
啓	従四上	兵部卿		従五下	従五下	従五下
賢	無位	無官				
継	従三位			正四下		

官職においても、左大臣、大納言がそれぞれ三人ずつもあり、刑部卿、大蔵卿、兵部卿など、省庁の長官も輩出している。もっとも低い官職でも、備中守という国司である。

このように見ると、臣籍降下した世代は、みな充分に〝自分で喰って〟行けたことになる。もともとが皇親だったということが、立身出世に役立ったのだろう。

しかし子や孫から曾孫へと代を重ねると、しだいに位階は低下している。曾孫の世代では、いちように五位に落ちているのである。表示はしなかったが、官職の面で

	極位	官職	夫
貞姫	正四位下	散事	
潔姫	正三位		藤原良房
全姫	正二位	尚侍	
善姫			
更姫	従四位上		
若姫			
神姫			
盈姫	従四位上		
声姫	従四位上		
容姫			
端姫	従四位上	散事	
吾姫	従四位上		
密姫			
良姫	従四位上		
年姫	従四位上	散事	

も衛門尉《えもんのじょう》程度が多い。皇系ということからくる余光がしだいに薄くなり、やがては世人から忘れ去られて行ったらしい。

これと反比例したのが、苗字の盛行だった。

ちなみに臣籍降下したとき、賜姓されたのは、等しく「源」だった。当然、きわめて紛らわしかったと思われる。臣籍降下した世代で、すでに苗字が現れているのは、その証拠になる。

公称あるいは皇称が同一だったので、たがいに苗字を私称したのである。多くは住居の所在地、あるいは所領の地名だった。

そして世代を重ねるごとに位階が低下すると、これに反比例して苗字呼称が多く見られたのである。やはり皇系ということからくる余光が、しだいに薄くなって行ったことの表れである。

こうして嵯峨天皇から分流した源氏諸流は、いずれもしだいに凋落して、ついには歴史の表面から消えて行ったのである。しかし哀れだったのは、臣籍降下した姫君たちだった。

十五人のうち三分の一の五人には、位階が与えられなかった。位階を与えられた十人にしても、二人の例外を除けば、四位でしかなかった。

官職が与えられたのは、わずか四人だけだった。うち全姫が就任した尚侍は、後宮での高級の女官だった。しかし三人が就任した散事は、後宮勤務だったとはいえ、職務は無かった。

なによりも悲惨だったのは、結婚できたのが、わずか一人だけだったということである。残りの十四人は、生涯、独身だったのである。当然のことながら、子孫はない。

ただ一人だけ結婚できたのは、次女の潔姫だった。人臣として最初の摂政となった藤原良房に嫁し、一女明子《あきらけいこ》を生んだのである。なお明子は第五十五代文徳天皇の皇后になり、第五十六代清和天皇を生んでいる。

結局のところ臣籍降下とは、〝自分で喰って行け〟とばかりに、親が子の養育の責任を放棄することだった。つまりは棄児である。女子の場合に、とくにその感が強い。この時代、女性が働く勤め口は、皆無だったのである。

「源」姓と「平」姓

嵯峨天皇が御子たちを臣籍降下させたとき、「源」姓を賜与したということは、その後通例となった。続く歴代の天皇たちが皇親を臣籍降下させたとき、賜与される姓の大部分が、「源」姓だったのである。

このような場合、系図を遡って行って、最初に突きあたった天皇の名を冠して、～源氏と呼ぶ。前述の嵯峨天皇の御子たちは、嵯峨源氏である。

このような源氏は、すべてで二十一流ある。いま順に列挙すると、次のようである。右肩の数字は歴代の代数である。

(五二)嵯峨源氏　(五四)仁明源氏　(五五)文徳源氏　(五六)清和源氏　(五七)陽成源氏　(五八)光孝源氏
(五九)宇多源氏　(六〇)醍醐源氏　(六二)村上源氏　(六三)冷泉源氏　(六五)花山源氏　(六七)三条源氏
(七一)後三条源氏　(七七)後白河源氏　(八四)順徳源氏　(八八)後嵯峨源氏　(八九)後深草源氏　(九〇)亀山源氏
(九四)後二条源氏　(九六)後醍醐源氏　(一〇六)正親町源氏

ところで源氏と言えば、これに併称される平氏のことが、すぐに想起される。これには、次の四流がある。

桓武(五〇)平氏　仁明(五四)平氏　文徳(五五)平氏　光孝(五八)平氏

「源」姓賜与の二十一流は、「平」姓賜与の四流に比して、圧倒的に多い。しかも「平」姓賜与の初例については、いろいろと問題がある。

『続群書類従』遊戯部所収の「平家勘文録」に、次のようなことが記されている。

寛仁元年（一〇一七）十二月十三日、民部卿の宗章が、天皇に対して謀叛を図った。しかし、これを知った高望王が立って、すぐに宗章を追討した。直後の同二年五月十二日、行賞されることになった高望王は、上総守に任じられて臣籍降下した。「平」姓を賜与されたのは、「朝敵をたいらぐる故」だった。

きわめて面白い内容ではあるが、同時にきわめて信じにくい内容でもある。

まず。〝民部卿の宗章〟という人物は、史上に実在しない。当然、〝宗章の謀叛〟ということもあり得ず、さらには〝高望王の宗章追討〟ということも無かった。

高望王の孫にあたる平貞盛と平将門とが戦ったのが、天慶二年（九三九）ノ乱である。すでに貞盛・将門両人は、「平」姓を呼称している。高望王が臣籍降下したのが、それより以降のことというのは、まさにあり得ない。

高望王が臣籍降下したという〝寛仁二年〟は、〝寛平二年（八九〇）〟の誤写かも知れない。しかし、そうだとしても、将門ノ乱の直前に過ぎる。

だから「平家勘文録」の内容は、まったく信じられない。しかし〝自分で喰って行け〟というので、臣籍降下されたというわけではないという点は、注目してもよいかも知れない。

なお、『尊卑分脈』の高望王の項に、

叙爵の後、「平」朝臣を賜わる
上総介　従五位下

とある。上総国は親王任国で、国司には親王が宛てられることになっていたから、高望王が上総守ではなく、上総介に任じられたというのは、まさに首肯できる。しかし『尊卑分脈』には、その時期についての記述がない。

この前後の時期に関する正史は、『日本紀略』である。それには、注目すべき記事が見られる。

天長二年（八二五）三月十四日、桓武天皇の五男の葛原《かずらはら》親王が、異母兄にあたる第五十三代淳和天皇に願い出た。

「臣の男女の子、いちに皆、『平』姓を賜わりたし」

自分の御子たちを、「平」姓賜与の上で、臣籍降下させたいと、淳和天皇の許可を求めたのである。

しかし天皇は、これを却下した。

直後の同年七月六日、またも葛原親王は、ほぼ同様のことを、違う表現で願い出た。

「わが子息を割愛して、王号を捨てんことを願う」

「王号を捨てる」というのは、まさに臣籍降下のことである。前回は「男女」だったが、今度の願い出は、「子息」だけだった。そして今度の願いは、勅許された。

臣籍降下することになったのは、葛原親王の「子息」だった。つまりは高見王・高棟王のいずれかにあたる。

しかし長男の高見王ではなかった。以降も高見王は王号を称し続けていた上に、その子高望王までが王号を称していたからである。

そして葛原親王には、「子息」は二人しかなかった。当然、天長二年に臣籍降下したのは、高棟王だったことになる。

しかし、『尊卑分脈』の高棟王の項には、次のように記されている。

承和十年（八四三）閏七月

父の親王、頻りに表を抗して
「平」朝臣の姓を賜わり
左京に貫す。

これには、問題がある。承和十年には、閏月がなかったのである。

ところで『公卿補任』の承和十年の項に、平高棟が非参議の従三位に叙せられたことにふれて、高棟の略歴が記されている。臣籍降下に関しては、次のようである。

天長元年九月二十二日、大学頭
同二年閏七月二日
父の親王、頻りに表を抗して
「平」朝臣の姓を賜わり
左京二条二坊に貫す。

これでも「平」賜与の初例は、高望王ではなく、高棟王だったらしいことが窺《うかが》われる。『日本紀略』では天長二年七月六日とあるが、『公卿補任』では天長二年閏七月二日とある。多分、『日本紀略』が正しいのだろう。また本貫地と定められたのは、左京二条二坊、いまの二条城の東南隅にあたる。

このように「平」姓賜与の初例に関しては、「平家勘文録」・『尊卑分脈』・『日本紀略』・『公卿補任』などきわめて異説が多い。

しかし、ほぼすべてに共通する部分もある。〝自分で喰って行け〟という嵯峨源氏型の臣籍降下ではなかったという点である。

「平家勘文録」では、大功を樹てたので、行賞されるかたちで、臣籍降下したのだった。『尊卑分脈』、『日本紀略』、『公卿補任』の三書は共通して、父の葛原親王が頻りに願い出た上でのこととしている。

この点にこそ、嵯峨源氏の「源」姓賜与と桓武平氏の「平」姓賜与との違いがあった。〝自分で喰って行け〟という嵯峨源氏に対して、桓武平氏は自分から願い出た上での臣籍降下だったのである。

なお、「源」姓については、先述したように、『魏書』の「源賀伝」の故事に、その由来があった。ならば「平」姓については、どうだろうか。

さきに見た「平家勘文録」には「朝敵をたひらぐる故」に、「平」が選ばれたとある。しかし「平家勘文録」は、あまりにも間違いが多すぎて、信憑性はきわめて低い。

「平」姓採用の理由について、管見の限り、古典はなにも語らない。昭和に入ってから、『姓氏家系大辞典』を著わした太田亮氏は次のように想定している。

> 其《そ》の名称は、平安京（京都市）の本訓タヒラより起る。蓋《けだ》し桓武帝、此《こ》の都を建てられしにより、其の子孫、此の氏を賜ひしならん。

これが、一般に信じられていた説である。

「平」姓は平安京にちなんだもので、平安遷都を行った桓武天皇とその系統の天皇とから分流した者が、「平」姓を賜与されたのだと、一般には考えられてきたのである。

しかしこれは、考えてみると少しおかしい。

〝桓武天皇の系統の天皇〟と言えば、第五十一代平城天皇から以降の天皇は、すべて該当する。仁明、文徳、光孝の三天皇だけが、桓武天皇の子孫だったわけではない。

もっとおかしいのは、「平」姓四流のうち、桓武天皇をのぞく仁明、文徳、光孝三天皇からは、「平」姓だけではなく、「源」姓も現れていることである。

このようなことがあったからであろう。しばしば二者択一というようなことも、考えられてきた。臣籍降下することになった当の本人が、源平両姓のうちどちらか一方を自主選択したのだと、漠然と考えてきたのである。

このようなとき、源平両姓を区分する明確な基準があったと指摘されたのが、國学院大学の林陸朗氏である。「桓武平氏の誕生」（『日本中世政治社会の研究』所収）において、とくに仁明、文徳、光孝三流の分流時期について、次のように断じられたのである。

この頃には一世（親王代）、二世（孫王）の賜姓は源朝臣、三世王の賜姓の場合は平朝臣という区別があったように思われるのである。

源平両姓分流の規準が、世代にあったと考えられたのである。念のため、桓武、仁明、文徳、光孝四流の臣籍降下の情況を表示すると、次のようである。

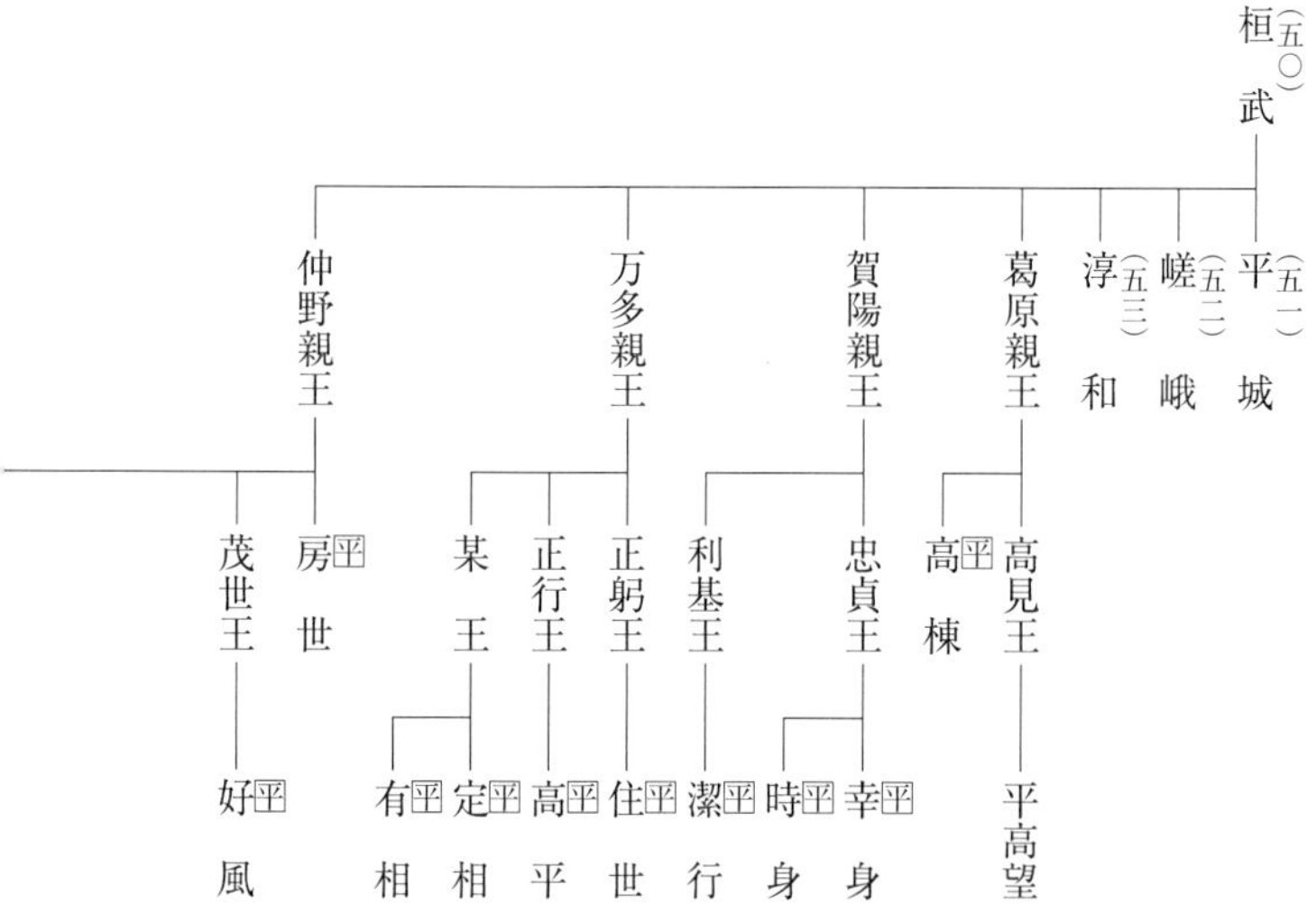

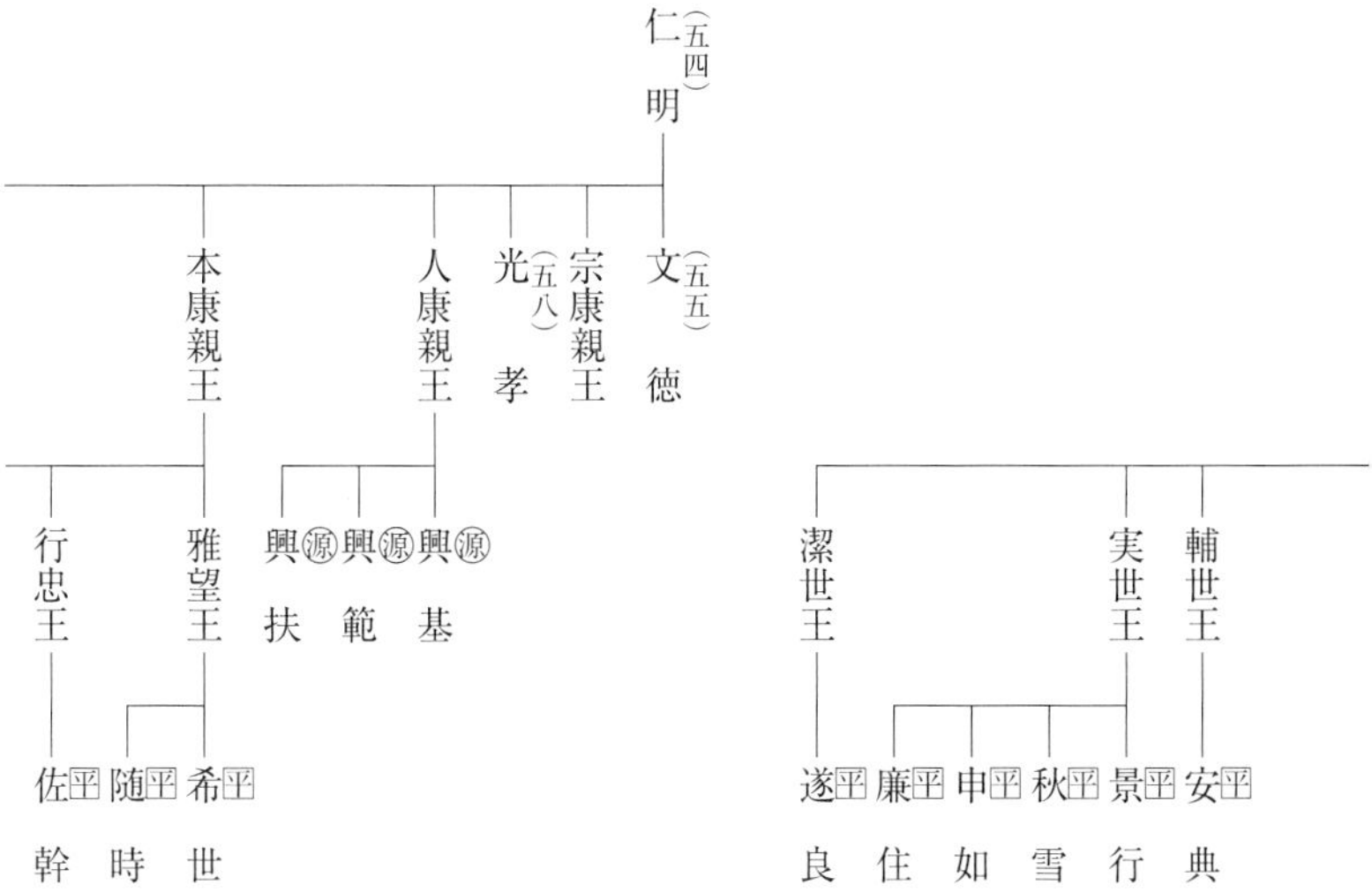

仁明（五四）
文徳（五五）
宗康親王
光孝（五八）
人康親王
本康親王
輔世王
実世王
潔世王
安平典
景平行
秋平雪
中平如
廉平住
遂平良
興源基
興源範
興源扶
雅望王
行忠王
希平世
随平時
佐平幹

多(源)
冷(源)
光(源)
効(源)
覚(源)

朝(源)鑑
朝(源)憲
保(源)望
由(源)道

佐平忠

文徳(五五)
惟喬親王
惟条親王
惟彦親王 ― 惟世王 ― 寧平幹
清和(五六)
惟恒親王

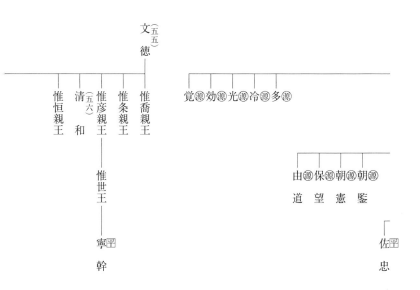

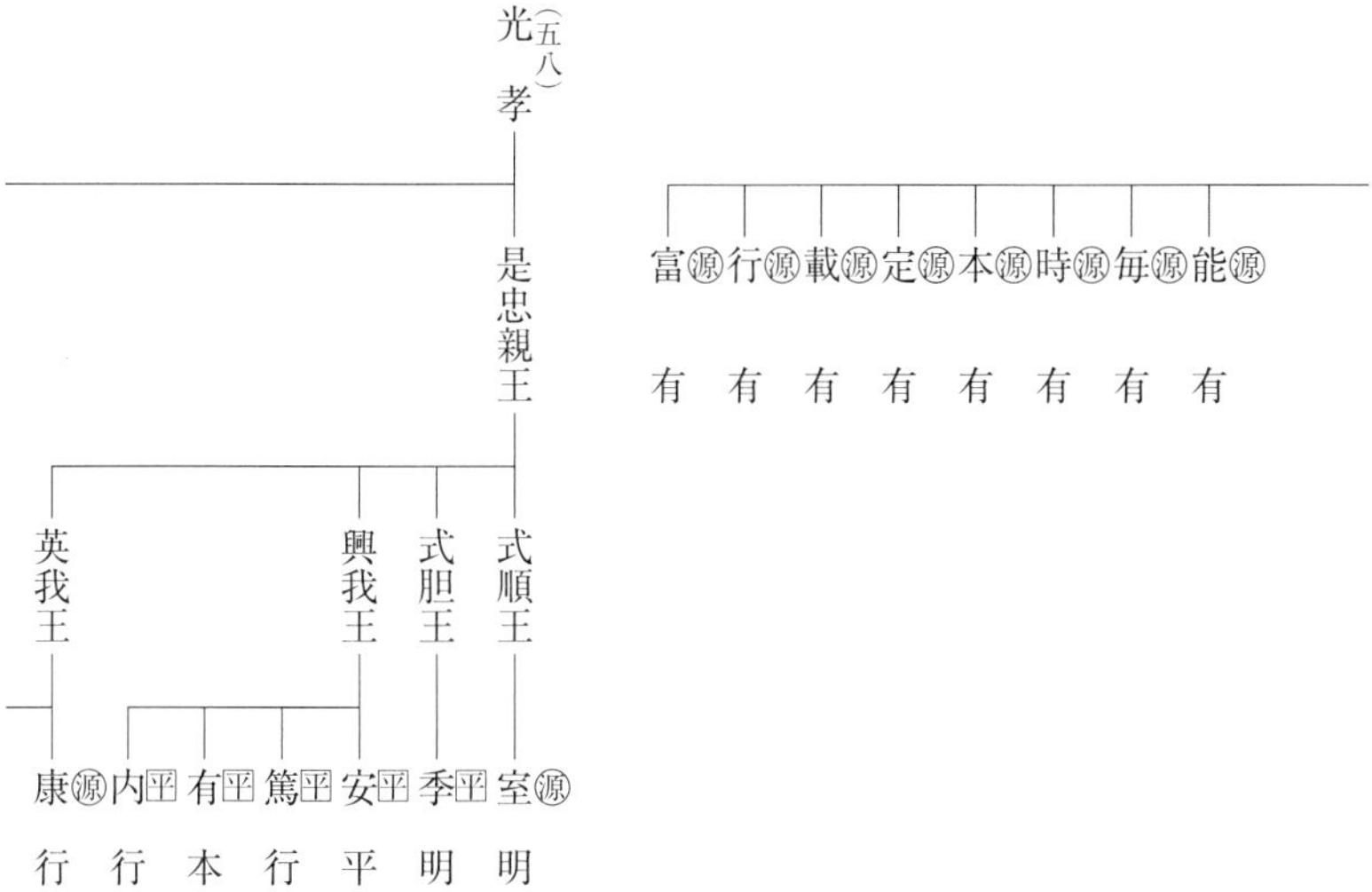
光孝（五八）
是忠親王
能㊚有
毎㊚有
時㊚有
本㊚有
定㊚有
載㊚有
行㊚有
富㊚有
式順王
式胆王
興我王
英我王
室㊚明
季㊛明
安㊛平
篤㊛行
有㊛本
内㊛行
康㊚行

是貞親王（五九）――直(源)幹――清(源)平
　　　　　　　　　　　　　　　正(源)明
　宇多
　元(源)長
　貞(源)恒
　国(源)紀
　近(源)善
　兼(源)善
　名(源)実
　是(源)茂
　（他九人略）

あまりにも当然のことながら、桓武天皇を直接の祖と仰ぐ系統では、「源」姓は皆無で、すべて「平」姓である。この事実は太田亮氏が想定されたように、桓武天皇の平安遷都ということが、「平」姓と強く関わっていたことを示している。

また親王と孫王との世代では、すべてが「源」姓賜与であって、「平」姓賜与は皆無だということは、まさに林陸朗氏の御指摘の通りである。

仁明平氏と文徳平氏とは、たしかに曾孫王の世代での臣籍降下だった。そして光孝平氏も曾孫王の世代での成立ではあるが、しかし同世代に「源」姓賜与も見られる。「三世王の賜姓の場合は平」という原則は、貫徹していなかったのである。

つまり林氏の所説は、第五十四代仁明天皇、第五十五代文徳天皇の両皇系の曾孫王の世代にはあてはまるが、第五十八代光孝天皇の曾孫王の世代には、ついにあてはまらなくなっていたということになる。

このようなことから、さらに次のように考えるというのも、また可能かも知れない。

嵯峨源氏が成立してから以降、これが先例となって、「源」姓賜与が一般的になった。ところが天長二年、桓武天皇の孫王の高棟王が、臣籍降下にさいして「平」姓が賜与された。もちろん、平安遷都にちなんでの「平」姓だった。

まだ平安遷都の感激・興奮が、おさまらぬ時期である。とたんに桓武天皇系の孫王、曾孫王の臣籍降下にさいしても、「平」姓賜与が行われた。そしてついに仁明・文徳両皇系の曾孫王の世代にまで、「平」姓賜与が及ぶようになった。

ところが光孝系の曾孫王が臣籍降下する頃には、しだいに平安遷都の興奮は覚めつつあった。まだ一部には「平」姓賜与も行われたが、反面では「源」姓賜与が復活しつつあり、これより以降には、ついに「平」姓賜与は見られなくなる。

つまり「平」姓賜与というのは、平安遷都からくる興奮があった時期だけに見られるもので、一過性の変則だったことになる。その興奮があった時期というのは、天長二年（八二五）から始まって、仁和二年（八八六）までということになる。平安遷都から約一世紀の間である。

ところで……

第五十二代嵯峨天皇より以降の歴代を、まず二十人ずつに分けて、それぞれの皇系で臣籍降下をさせた天皇の数を挙げると、どういうことになるか。

第五十二代嵯峨天皇から第七十一代後三条天皇までの二十人の天皇のうち、その皇系が臣籍降下しなかった天皇は、わずか七人しかいない。残り十三人の天皇の皇系は、みな臣籍降下している。その割合は、六五パーセントである。

第七十二代白河天皇から第九十一代後宇多天皇までで見ると、その皇系が臣籍降下した天皇は、二十人中の五人。その割合は二〇パーセントである。

皇親の臣籍降下の原因が、基本的には皇室財政の逼迫にあったことは、すでに述べてある。このことを右の割合に合わせてみると、皇室財政の危機的逼迫は、後三条天皇の皇系が臣籍降下した頃まで続いたと、考えることもできよう。

なお、後三条天皇の孫王の有仁王が臣籍降下したのは、『尊卑分脈』には保安元年（一一二〇）だったとあるが、これは間違いらしい。『中右記』と『長秋記』両書の元永二年（一一一九）八月十四日条に、有仁王が臣籍降下して従三位の源有仁となったことが、記されているからである。

とすると、元永年間頃から、しだいに皇室財政は好転しつつあったということになる。

ここで想起をされるのは、これよりやや以前の応徳三年（一〇八六）に、白河院政が開始されたという事実である。そして有仁王が臣籍降下した元永二年は、白河院政が開始されてから三十四年後、まさに白河院政の絶頂期だった。

摂関政治から院政へという政治上の転換は、実は皇室財政の再建が一つの狙いだったのである。

しかし、……

それより以降になっても、やはり臣籍降下は続いている。しかし、その割合は、極端なまでに低下する。

第九十二代伏見天皇から第百十代後光明天皇までの十九人の天皇のうち、その皇系が臣籍降下した天皇は、わずか三人だった。割合で言えば、実に一五パーセントでしかない。

このことは、皇室財政が危機を脱したということを、直線的に意味するものではなかった。むしろありあまる皇親たちの処理法が、あらたに案出されたということだった。皇親を大寺院に送り込んで、門跡とすることだった。

皇親が送り込まれた大寺院としては、東寺、東大寺、比叡山延暦寺、仁和寺、梶井円融院、青蓮院などかある。その傾向が始まった時期などに関しては、また別稿を必要とする。本稿の主題とは別なので、これ以上は喋々はしない。

しかし後三条天皇の御子輔仁親王の子信証が東寺一長者になり、同仁操が比叡山に入っており、久寿三年（一一五六）三月三十日、第七十三代堀河天皇の御子最雲法親王が天台座主に就任したとき、『群書類従』補任部所収の「僧官補任」に、「山門法親王の初例なり」とあることを記しておく。親王門跡開始の時期が、だいたい知られるのである。

源氏二十一流

以下、「源」姓を賜与されて臣籍降下した二十一流について、それぞれの特徴的なことを略述する。

一 嵯峨源氏

第五十二代嵯峨天皇の治世は、律令制度の末期というよりは、律令制度からの脱皮が図られた時代だったと、規定できるかも知れない。律令制度には無かった官職が、創設されたのである。天皇直属の官としての蔵人がそれであり、京都の治安維持のための検非違使も、それだった。ともに後世、大きな意味を持つことになる。

天台宗を開いた最澄と真言宗を開いた空海の二人と、等距離で付き合ったということも軽視できない。最澄が創建した比叡山延暦寺と空海が創建した高野山金剛峯寺と京都の東寺は、日本宗教史の上で大きな位置を占めている。

しかし後々のことから思うと、嵯峨天皇が藤原良房を重用したことが、もっとも大きな影響を歴史に及ぼしたことだったかも知れない。

ちなみに大化改新の功臣だった中臣鎌足は、天智天皇から「藤原」と賜姓され、最高の位階である大織冠に叙せられ、その一子不比等も大宝律令の撰集に参画して正二位の右大臣にもなり、その娘の光明子は聖武天皇の皇后になっている。人臣皇后の初例である。

不比等の息子四人は、武智麻呂の南家、房前《ふささき》の北家、宇合《うまかい》の式家、麻呂の京家と、いわゆる「藤原四家」を開いたが、その四人があいついで疫病で死んだこともあって、藤原氏は昔日の勢威を急速に失った。

このようなとき、嵯峨天皇は藤原氏六代の冬嗣の次男良房を、重く用いたのである。内親王だった源潔姫を良房の妻に降したのは、そのことだった。天皇の娘が臣下に嫁したのは、これが初例である。

こうして冬嗣の次男だった良房の系統が、藤原氏の嫡流ということになった。いわゆる藤原氏北家の摂関家流というのは、良房の子孫のことである。

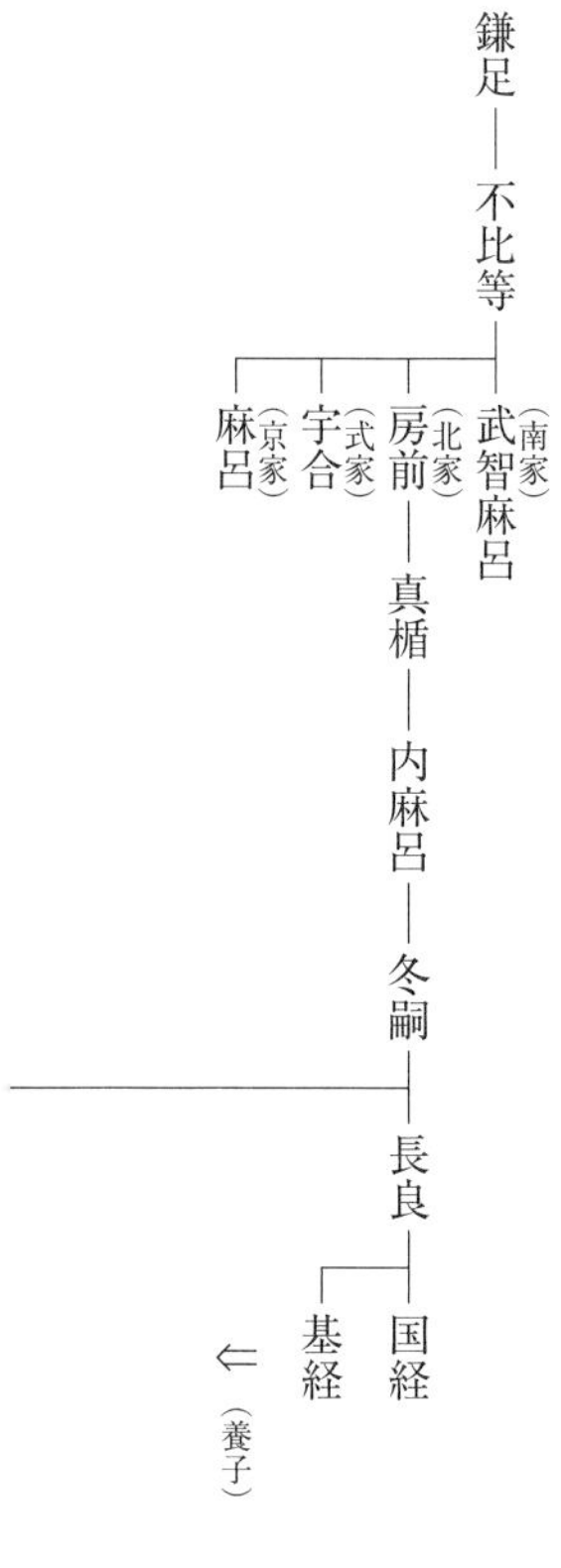

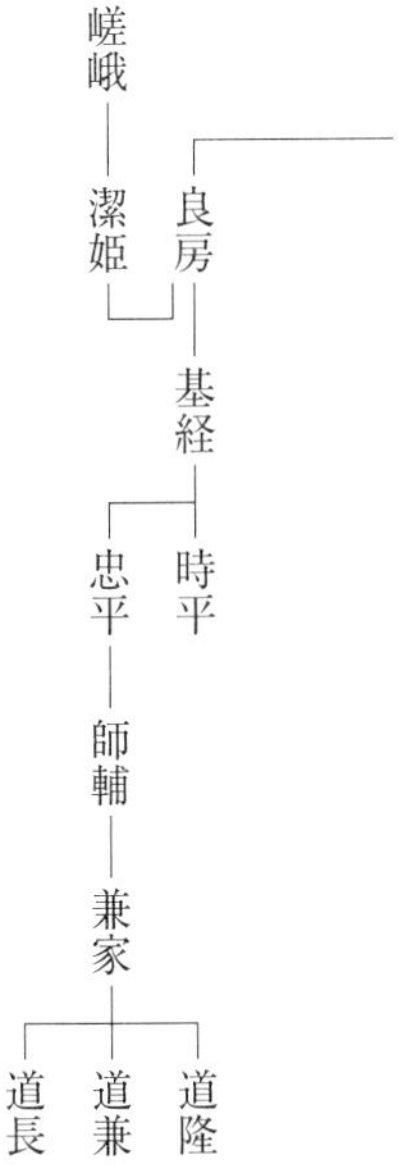

賜姓源氏の初例である嵯峨源氏については、かなりのことは先述してある。臣籍降下した十三人の皇子たちは、それぞれ「第一源氏」から「第十三源氏」まで、順序が付されていた。しかし十一人の皇女たちには、そのような序列は無かった。しかし等しく皆、一字名前であることが、嵯峨源氏の特徴だった。

すべて幼年の頃に臣籍降下したので、降下した時点では官位はなかった。しかし十代の後半に入った頃には、みな、かなりの高官になっている。もともとが皇親だったからである。

最初にもっとも立身したのは、第三源氏の常だった。承和十一年（八四四）七月二日から斉衡元年（八五四）六月十三日まで、満十年間も左大臣だったのである。

やや遅れて左大臣になったのは、第一源氏の信だった。在任の期間は、天安元年（八五七）二月十九日から貞観十年（八六八）閏十二月二十八日までの十二年間だった。

信が左大臣だった貞観八年閏三月十日、事件が起こった。大内裏の真正面にあった応天門が、放火によって焼け落ちたのである。直後、大納言だった伴善男が、

〝放火犯は左大臣の源信なり〟

と、訴えて出た。

訴えられた信は、すぐに自邸に閉じ込もって謹慎した。この間の信一家の苦悩のさまは、『伴大納言絵詞』に鮮やかに描かれている。

しかし約五ヶ月後、信の無実が証明された。伴善男自身が放火したのを目撃した者が、名乗って出たのである。直後、伴善男と善男に連累した紀夏井らが、配流された。

これで一件は、いちおう落着した。しかし本当に伴善男が放火犯だったかどうか、今となっては永遠の謎である。

訴えられた信は、五ヶ月もの間、なんの処分も受けなかった。太政大臣だった藤原良房とその養子の参議基経の二人が、信を庇ったからだった。そして伴・紀両氏は古くからの名族で、ともに藤原氏の永年の政敵だった。

このようなことから、政界の裏面が推測される。事件の処理にあたった良房・基経父子が、新興の嵯峨源氏に恩を売って協力者に仕立てると同時に、宿敵の伴・紀両氏に痛打を与えようとしたのではなかっただろうか。

いずれにしても事件真っ最中の八月十九日、良房は摂政の地位についている。人臣最初の摂政であった。事件で得をした者が犯人だということならば、良房こそがもっとも疑われるべきかも知れない。

なお五ヶ月間の謹慎と苦悩は、信の健康にも影響を与えたらしい。事件の翌年の閏十二月二十六日、信は五十九歳で死んだ。

それから四年後の貞観十四年八月二十五日、第十二源氏の融が、左大臣に就任した。そして二十四年後の寛平七年（八九五）八月二十五日、七十四歳で左大臣源融は死んだ。左大臣になった嵯峨源氏三人のうち、融の左大臣在任の期間がもっとも長かったことになる。

融が左大臣に在任していた元慶八年（八八四）二月四日、事件が起こった。第五十七代陽成天皇が、突然、退位したのである。十七歳という若さだったから、まだ皇子はいない。

〝後任の天皇は、誰になるか〟

廟堂の貴顕の目は、ひとしく太政大臣藤原基経に向けられた。このとき、基経に向かって、融が発言した。

「いかがは。ちかき皇胤をたづぬれば、融らもはべるは」

自分自身をも含めた嵯峨源氏の面々を、次代の天皇に推挙したのである。

これに対して基経は、冷たく言い放った。

「皇胤なれど、姓を給ひて、ただにてつかへて、位に即《つ》きたる例やはある」

一度は臣籍降下した者が、天皇になったという先例は無いと、切り返したのである。

いずれにしても『大鏡』に記されているこの挿話は、まさに注目される。すでに臣籍降下はしていても、嵯峨天皇の皇子だったこともある融は、皇位につくという野望を、秘かに抱いていたのである。

また廟堂の貴顕の間には、融たち嵯峨源氏の面々を尊重する風が、まだまだ残っていたのである。皇胤だったからである。

さらに融たちの野望が、基経の一言で粉砕されてしまったということも、また注目される。これから以降、臣籍降下した者が、ふたたび皇親に返り咲くということは、まったく見られない。

いずれにしても嵯峨源氏は、いままさに摂関政治を確立しようとしている藤原氏北家と、堂々と渡り合ったことになる。臣籍降下はしたものの、まだまだ廟堂では一つの勢力だったわけである。

しかし……

やがて藤原氏北家による摂関政治が確立して、廟堂の要職は藤原氏一族に独占されて行き、しだいに他氏の就職口は閉ざされて行く。一方、嵯峨源氏も代を重ねるにつれて、もともとの皇系ということからくる余光も、しだいに薄れて行き、やがて歴史の表面から消えて行くことになる。

このような趨勢のなかで、一流だけ目立ったのは、やはり融の系統だった。

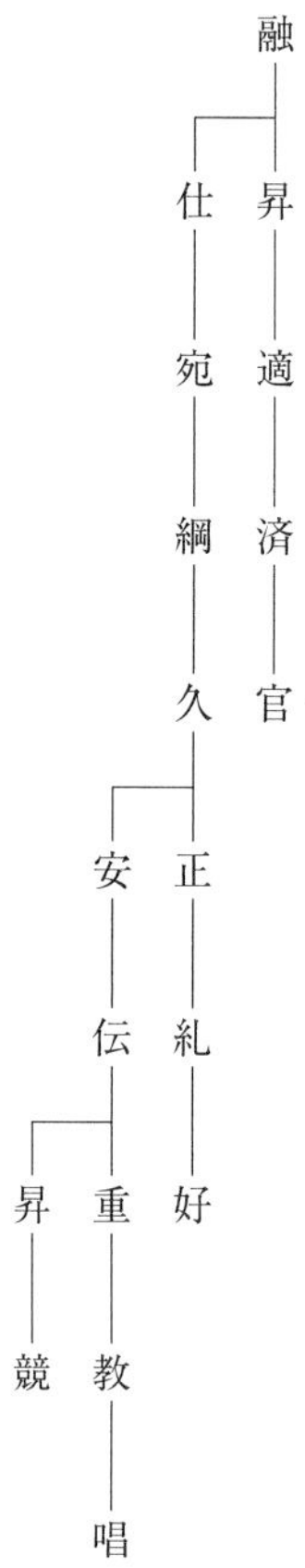

融の一子昇は、正三位の大納言にまで昇叙し、その嫡男適は、従五位下の内蔵頭になっている。皇系という血統からくる余光は、この世代あたりまでは照らしたらしい。

しかし適の子済は、陸奥国の国司の三等官である陸奥掾どまりだった。その子の官にいたっては、生涯、無位無官だったらしい。藤原氏北家が京都朝廷の要職を独占していたので、ついに就職口さえ見付からなくなっていたのである。

ところが昇の次男仕《つかう》は、中央での任官を断念して、地方に新天地を求めることにしたらしい。従五位下の武蔵権介に任じられて武蔵国に赴任すると、その地に土着しようとしたのである。『扶桑略記』によると、延喜十九年（九一九）五月、武蔵権介の任期が切れて退職すると、昨日までの勤務先だった武蔵国の国府を襲撃して、官庫から官物を奪い取った挙句、官舎に火を放って焼き払っている。武士への途を辿ったということだろう。

その次男の宛《あつる》は、箕田《みた》源次と名乗った。〝源次〟というのは〝（嵯峨系の）源氏の次男〟という意味で、まだ皇系ということへの誇りが籠められている。「箕田」という地名を苗字にしていたのだから、すでに土着していたことが知られる。

宛が土着して〝苗字ノ地〟とした箕田の地については、二説がある。いまの鴻巣市箕田の箕田八幡が館址だともいい、東京都港区三田のオーストラリア大使館の地に、居館があったともいう。

いずれにしても箕田源次宛は、立派な武士になっていた。『今昔物語集』には、すでに数十騎を率いているほどの豪族武士になっていて、桓武平氏の平良文との一騎打ちに、立派に作法を守って戦ったと記されている。

母方の事情もあって、晩年の宛は摂津渡辺（大阪市福島区）に移り住み、渡辺党という武士団を組織していた。同じ頃、同国に多田荘（川西市多田）に清和源氏の嫡流の本拠があったことから、その指揮下に入っていたらしい。

その宛の養子になったのが、仁明源氏の源綱だった。通称は渡辺綱。鬼退治で有名な清和源氏の源頼光の四天王の一人で、綱自身の鬼退治の挿話も、『今昔物語集』に記されている。ところが綱の子久は、さらに肥前松浦郡（松浦市）に本拠を移して、水軍を組織している。鎮西水軍の雄である松浦党が、これである。

その久の子二人の代で、この系統は二流になる。長男正の系統が松浦党を受け継ぎ、次男安の系統が、摂津渡辺党を受け継いだのである。渡辺党の系統では、馬場流の清和源氏の源三位入道頼政の麾下として有名な渡辺滝口競がある。その活躍ぶりは、『平家物語』に詳しい。

一般の嵯峨源氏の苗字には、次のようなものがある。

秋篠、河原院、賀陽院、北辺、四条、白雲、竹田、田中、西七条、東三条、広幡、横川。

渡辺党、松浦党になった融の系統には、苗字が多い

渡部、渡辺、松浦、滝口、平戸、今福、志佐、相神浦、御厨、佐々、日宇、山田、一部、生月、田

平、福島、津吉、峰、大島、丹後、小佐々、調川、白浜、有川、江、青方、松尾、奈留、宇久、高瀬、志自岐、波多、山代、相知、川田、寒水井、鴨打、神田、中村、塩津留、城、呼子、北村、大石、牟田野、久保田、大河野、和多々田、宇能木、千北、千々良、荘山、別府、長田、簗瀬、石志、黒川、清水、牛方、吉野、有浦、値賀、鶴田、八並、佐志、木島、上大杉、下大杉、伊万里、有田、船原、日高、楠久、木津、福井、三栗野、玉浦、曾根崎、杉浦、佐世保、鮎河。

二　仁明源氏

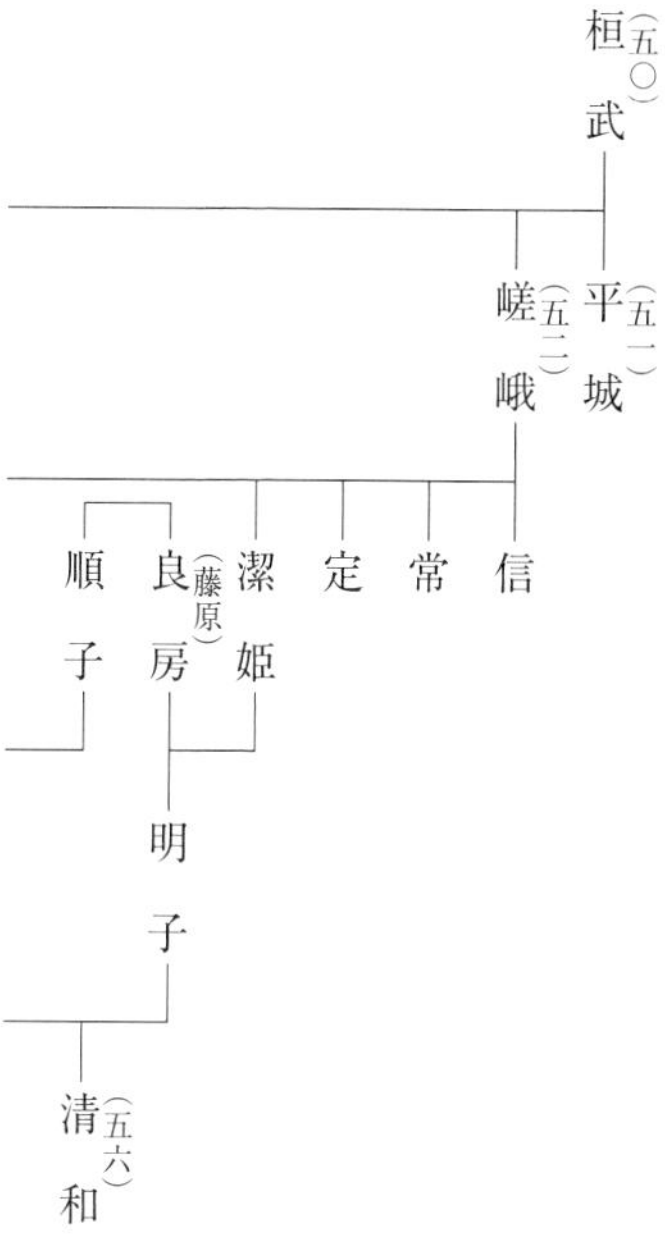

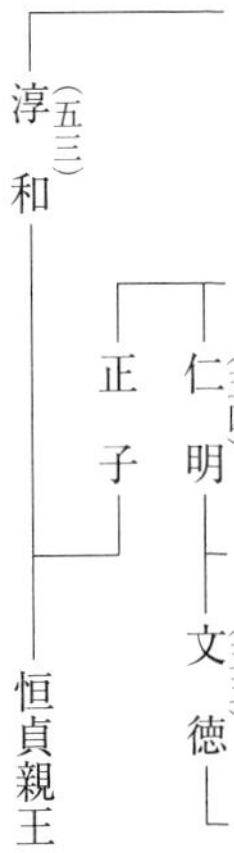

弘仁十四年（八二三）四月十六日、嵯峨天皇は弟の第五十三代淳和天皇に譲位した。しかし以降も、兄として朝政の実権を手放さなかった。

そのようなこともあって、嵯峨上皇の御子正良《まさら》親王（のち仁明）が、次代の天皇たるべき皇太子に立てられ、十年後の天長十年（八三三）二月二十八日、淳和天皇は正良親王に譲位した。第五十四代仁明天皇である。

そして仁明天皇も、叔父淳和上皇にお返しをした。淳和上皇の御子恒貞親王を、次代の天皇たるべき皇太子に立てたのである。天皇一家の家長である嵯峨上皇の御威光の下で、嵯峨—仁明系と淳和—恒貞親王系とは、仲良く皇位を譲り合っていたのである。

ところが承和七年（八四〇）、五月八日、まず淳和上皇が五十五歳で死んだ。そして二年後の同九年七月十五日、嵯峨上皇が五十七歳で死んだ。と、とたんに事件が起こった。承和ノ変である。

嵯峨上皇の死の二日後、突然、伴健岑《とものこわみね》、橘逸勢《はやなり》の二人が捕えられた。ちなみに健岑は皇太子恒貞親王の護衛隊長である帯刀舎人《たてわきのとねり》。そして逸勢は健岑と共に、恒貞親王の近侍だった。

直後、健岑、逸勢など恒貞親王の側近六十余名が流罪にされ、恒貞親王自身は皇太子という地位を剝奪され、かわって仁明天皇の御子道康親王（のち文徳）が皇太子に立てられた。

こうして承和ノ変は落着した。のち嘉祥二年（八四九）、恒貞親王は出家している。

事件の本質は、一見、仁明天皇が自分の系統に皇位を伝えようとして、計画的に図った陰謀のようだった。しかし「叡哲、聡明にして、衆芸を包綜し、もっと経史を重んじた」という仁明天皇に、そのような悪辣さはあるはずはなかった。

事件の蔭で一人の黒幕が、実は暗躍していたのである。ときにはまだ大納言だった藤原良房である。廟堂の高官たちも、それぞれに一役買っていた。

古くからの名門だった伴・橘両氏は、同時に藤原氏の永年の政敵でもあった。この両氏を権力の圏外に追いやった上に、良房は妹順子が生んだ道康親王を次代の天皇に据え、さらに娘明子を道康親王の室に入れて、天皇家の外戚という地位の独占を図ったのである。

やがて清和天皇の治世期の貞観八年（八六六）、折から起こった応天門ノ変を機として、良房は人臣として最初の摂政に就任することになる。嵯峨・淳和・仁明・文徳・清和と続く五代の時期は、良房が摂政に駈け昇って行った時期だったのである。

ところで、……

仁明天皇を直接の祖とする系統は、臣籍降下したときの世代によって、三種に区分される。親王世代と孫王世代とで臣籍降下したのが仁明源氏で、曾孫世代で臣籍降下したのが仁明平氏になったこと

	極位	極官	子の極位
多	正二位	右大臣	従四位下
冷	従三位	宮内卿	従五位下
光	正二位	右大臣	正五位下
効	従四位上		
覚	正四位下	宮内卿	従五位下

	極位	極官	子の極位
興基	正四位下		
興範	従四位下		
興扶	従四位下		
朝鑑	従五位下	豊後守	
朝憲	従四位下	丹波介	
保望	従四位下		従五位下
由道	従四位下	阿波守	従五位下

は、先述してある（三五ページ参照）。

親王世代で臣籍降下したのは、多《まさる》、冷、光、効、覚の五人だった。嵯峨源氏の先例に倣って、いずれも一字名前だった。このうち多は「仁明天皇第一源氏」と呼ばれているから、いわゆる仁明源氏の筆頭と目されていたらしい。

この五人の仁明源氏のうち、効については、よく判らない。他の四人は国司などの地方官を歴任して、最終的には高位の京官に昇り詰めている。

しかし四人の子あるいは孫の代になると、成立したばかりの摂関政治からの影響を、もろに受けたらしい。いずれも四位あるいは五位程度どまりにしか、立身できていないのである。その様子を表示すると、右表のようである。

仁明源氏の第二のグループは、孫王世代で臣籍降下した七人である。このグループは、すでに臣籍降下した世代で四位どまりとなっており、その子の代になると、わずかに二例が従五位下に叙せられているが、残りの五人の子は、もはや系図などにも記されなくなっている。その様子を表示すると、右のようである。

ちなみに親王世代での臣籍降下と孫王世代での臣籍降下とを比較すると、明らかに前者のほうが有利だった。前者での極位が正二位から従四位上の範囲にあったのに対し、後者では正四位下から従五位下までと、数段も下位になっているのである。当然、それぞれの子孫で比較しても、系図に現れなくなるほどに凋落するのも、後者のほうがはるかに早かった。

つまりは、どうせ皇籍から抜かれて臣籍降下するなら、早ければ早いほど有利だったのである。桓武平氏が自分から願い出て臣籍降下したというのも、このようなところに理由があったかも知れない。

いずれにしても仁明源氏の諸流は、やがて歴史の暗黒のなかに消えて行った。わずかに光の曾孫の綱が嵯峨源氏の融系に養子に入って、渡辺綱と名乗ったことは先述してある。その光の系統の苗字に、「西三条」というのがあったことだけが知られている。

なお、仁明天皇の曾孫の世代で臣籍降下したのが、いわゆる仁明平氏である。

三　文徳源氏

第五十五代文徳天皇は、きわめて子沢山だった。皇子十三人、皇女は十七人、総じて三十人の御子があったのである。

だから通常は第四皇子とされている惟仁親王も、実際には十男程度だったらしい。その惟仁親王は嘉祥三年（八五〇）三月二十五日に生まれ、九ヶ月後の同十一月二十五日には、次代の天皇たるべき皇太子に立てられている。

もちろん事情があった。文徳天皇の生母は藤原良房の妹順子。天皇の女御は、良房の娘の明子《あきらけいこ》。そして明子が生んだのが、惟仁親王だったのである。

つまりすべては、良房の差し金だった。十番目あたりに生まれた惟仁親王だったが、すぐに第四皇子とされ、九ヶ月後には三人の兄親王をさしおいて、皇太子に立てられたのである。

それから三年後の仁寿三年（八五三）、惟仁親王の異母兄弟たち八人が、一斉に臣籍降下して文徳源氏となった。このとき惟仁親王は四歳。そして臣籍降下して「文徳天皇第一源氏」となった源能有は、ときに九歳だった。

もちろん、ここにも良房の配慮が及んでいたに違いない。外孫にあたる惟仁親王を皇太子に立てたが、将来の競争相手になるかも知れない異母兄弟八人を、惟仁親王の競争相手の圏外に追いやる狙いがあったのである。

良房にとって、外孫の惟仁親王が皇太子に立ち、その異母兄弟八人が惟仁親王の競争相手でなくなれば、文徳天皇が存在することは、すでに邪魔でしかない。

こうして天安二年（八五八）八月二十七日、三十二歳の若さで文徳天皇が死に、わずか九歳の惟仁親王が皇位を嗣いで清和天皇になり、幼稚の外孫天皇を擁して、良房が廟堂の実権を握ることになる。事実においての摂関政治の成立である。

さきに臣籍降下していた文徳源氏の初代八人が、官位を受けられる十代後半の年齢に達したのは、これから以降だったことになる。最年長で「文徳天皇第一源氏」と称された能有でも、清和天皇が即位したときには、まだ十四歳でしかなかった。

清和天皇の治世を領導した藤原良房が、成立したばかりの文徳源氏八流に対して、温かいはずはなかった。臣籍降下した親王世代の極位が、多くは四位程度でしかなかったことが、そのことを如実に示している。同じ立場の仁明源氏の極位と比較すると、実に数ランクも下位であった。

当然のことながら、文徳源氏諸流が歴史の表面から消え去って行くのも、またきわめて早かった。そのうちの時有が出家し、富有が夭折したというのも、このようなことと関係していたかも知れない。

臣籍降下すると程なく衰微して行った文徳源氏諸流のうち、「文徳天皇第一源氏」と呼ばれた能有の系統だけは、かなり永く続いた。能有本人に、かなりの才能があったらしい。兄

	極位	極官	子の極位
能有	正三位	右大臣	従五位上
毎有	従四位下		
時有	出家	／	／
本有	正四位下	治部卿	従四位下
定有	正四位下	大蔵卿	従五位下
載有	正四位下	周防守	従五位下
行有	従四位上	大宰大弐	
富有	夭折	／	／

弟たちの極位が四位どまりだったとき、能有は正三位の右大臣にまで昇っていったのである。

しかし能有系が一定の線で生き残ったのは、もちろん能有個人の才能によるだけではなかった。能有の娘柄子が、清和天皇の第六皇子である貞純親王と結婚したということも、与《あずか》って力あったかも知れない。

その能有の子孫は数系統に分流するが、なかでやや目立ったのは、能有の次男の当時のそのまた次男相職の系統だった。

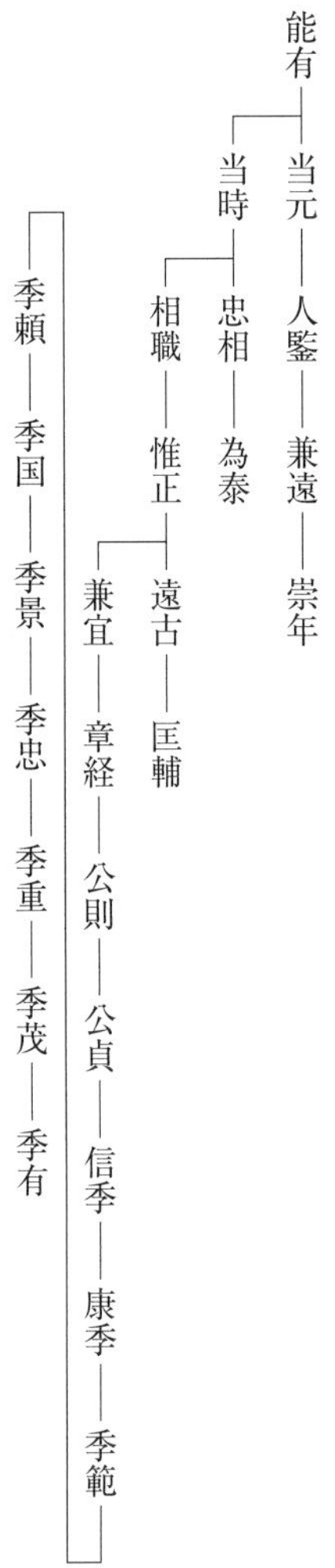

能有から六代目の章経の代で、血統的には断絶した。しかし養子に入っていた藤原利仁流の公則が、家系を継承した。
そして公則は実家との縁を機として藤原摂関家の関白後二条師通の家司になり、主家の引きを得て河内、駿河、伊賀、信濃、肥後、尾張などの国司を歴任し、最終的には従四位下の民部丞にまで昇進

している。かなりの程度にまで、家運を挽回したと言えるかも知れない。

公則の子公貞、孫の信季も、続いて摂関家に仕えた。そして孫の信季は、摂関家領の河内国坂戸牧（柏原市坂戸）を預けられて牧司になり、「坂戸」という苗字を名乗っている。

ちなみに同じ頃、院政を始めた白河法皇は、院ノ御所の北面に院自身が雇用した私兵を置いて、直属の軍事力とした。これが「北面ノ武士」あるいは「北面」である。以降の歴代の院政の主も、これを踏襲することになる。

そして河内国坂戸牧で若干の兵力を率いるようになった坂戸氏も、信季の子康季の代で、白河法皇の北面の武士になり、以降の代々は北面の武士を家職にして、院政政権の軍事力の一翼を担うようになった。

康季の子季範は、鳥羽上皇の北面だった。その子季頼は、崇徳上皇の北面として、保元ノ乱に出陣している。その子季国は後白河法皇の北面となって、法住寺殿合戦では木曾義仲勢と戦っている。

その子季景は、当初は安徳天皇に仕えたが、平氏の都落ちには加わらず、京都に留まって後鳥羽天皇に仕え、やがて後鳥羽院政が始まると、その北面になった。

その子季忠は後堀河上皇の北面になり、承久ノ乱には京方の藤原秀康の指揮下にあって、鎌倉幕府軍と戦っている。その子季重は後嵯峨上皇の北面、その子季茂は亀山法皇の北面、その子季有は後宇多上皇の北面だった。

しかし季有以降は、まったく判らなくなる。諸系図も、季有の代で切れている。ちなみに鎌倉末期の元亨元年（一三二一）十二月九日、ときの後醍醐天皇は後宇多院政を停止して、天皇親政を布いた。このことが季有以降に、大きな打撃を与えたものと思われる。なにしろ代々、院政に仕えて北面を世襲の家職にしていた家系である。院政が停止されたということは、そのまま家職を失うことだったのである。

家領だった河内国坂戸牧にも、違乱が生じていた。かつて藤原摂関家領だったのが、いまや花山院家領と春日大社領とに分立していた。

そして応仁ノ大乱の端緒となる畠山氏の内訌が生ずると、河内国の守護大名だった畠山政長の侵蝕の手が、しだいに坂戸牧にも及んできた。もちろん政長と対立していた畠山義就も、手を拱いてはいなかった。

このような時期に、文徳源氏坂戸家のことが、まさに偶然のように『応仁記』巻一に現れる。応仁ノ大乱の最初の合戦である京都御霊社合戦に、参陣していたのである。

義就方ノ先ガケノ大将、河内国ノ住人、文徳天皇之末葉ト名乗、坂戸源氏閑井ヲ始メ、先手皆射落サレテ伏

東軍側の河内国守護畠山政長に本領の河内国坂戸牧を侵蝕されていたので、西軍方の畠山義就に味方していたのだろう。その先陣に立っていたというのだから、まだ、かなりの兵力を擁していたもの

と思われる。しかし「皆、射落サレ」たというのだから、哀れである。

それにしても臣籍降下してから、すでに六百年はたっている。にもかかわらず、

「文徳天皇之末葉」

と名乗ったという。もともとは皇親だったということが、よほどの誇りだったらしい。

ところで、……

公則の孫の信季から以降、この系統は「季」を通字にしていた。これに対して信季の孫季範の弟近康の系統は「康」を通字にしている。そして近康の系統も宮廷武家で、代々の院政ノ主に仕えて、北面を家職にしていた。左の系図上の右肩の院名は、彼らが北面として仕えた上皇あるいは法皇の名である。

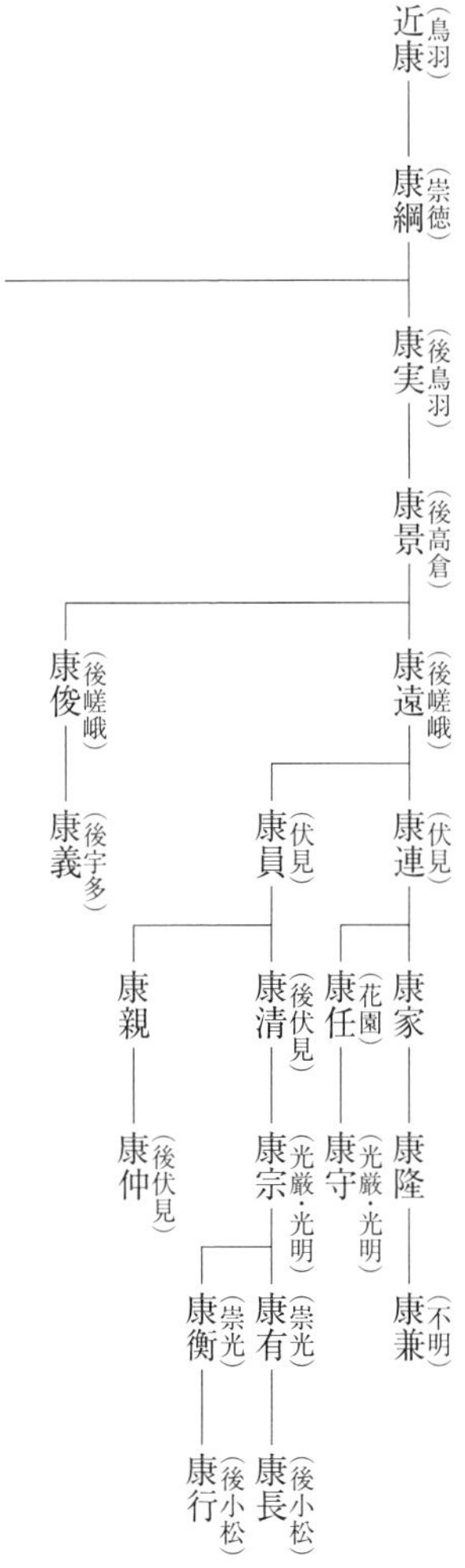

康重（後白河・後鳥羽）──康広（後堀河・後嵯峨）──康忠（亀山）──康世（後宇多）──康持（後伏見・花園）──康成（光厳・後光厳）──季景──康教（後小松）
　　├──康定（後小松）
　　　　　　　　　　├──康衡（後深草・亀山）──康光（後宇多）
　　　　　　　　　　├──康氏（後嵯峨）──康行（亀山・後宇多）──康郷（花園）──康村
　　　　　　　　　　└──康久（後嵯峨）──康長（後宇多）

鎌倉時代の後半には、天皇家は持明院統と大覚寺統とに分流した。しかし、この近康系の人びとには、どちらでもよかったらしい。そのときそのときの院政ノ主に仕えて、北面であり続けたのである。しかし南北朝内乱期に入ると、さすがに大覚寺統に仕えて吉野の山中に入る者は、ついに出てはいない。そして南北両朝を合体させた後小松院に仕えた康長、康行、康教、康定の四人から以降、ついに系図は切れている。

なお、文徳源氏が名乗った苗字については、次のようなものが知られる。

石見、坂戸、坂門、福田。

四　清和源氏

多数の異母兄をさしおいて、惟仁親王が第四皇子とされた上に、三人の正式な兄親王をさしおいて、生後九ヶ月で皇太子に立てられ、わずか九歳で即位して第五十六代清和天皇になったということは、すでに述べてある。

すべては、外祖父藤原良房の差し金だった。しかし惟仁親王の立太子も、それほど容易ではなかったらしい。大江匡房《まさふさ》の『江談抄』には、次のような裏面の状況がしるされている。

父帝の文徳天皇は、第一皇子の惟喬親王をこそ、皇太子に立てたかった。しかし良房の権勢を憚って口に出せず、ただ神護寺の僧真済僧正に祈らせるだけだった。これに対して良房は、東寺の真雅僧都に惟仁親王立太子のことを祈らせた。

さらに下って『平家物語』には、やや違ったことが記されている。

まず皇太子の人選について、公卿僉議《せんぎ》が開かれた。しかし、

〝皇位のこと、人臣の口入、あるべからず〟

ということで

〝競馬《くらべうま》と相撲《すまい》をもって、よろしく神意を伺うべし〟

ということになった。

直後、惟喬親王側に真済（真済）僧正が立ったというのは、『江談抄』と一致する。真済は東寺に戒壇をたてて、惟喬親王の勝利を祈ることになった。

惟仁親王方では、恵亮和尚が立った。良房の護持僧で、比叡山延暦寺の西塔、宝幢院の住持で

ある。戒壇が設けられたのは、大内裏の真言院だった。

嘉祥三年（八五〇）九月二日、一条大路北の右近衛府の馬場で、まず競馬十番が行われた。最初の四番までは、惟喬親王側の馬が勝った。このとき、

〟恵亮和尚　急死せり〟

という急報が、真済に知らされた。とたんに、真済の祈禱に、心の緩みが生じた。以降の六番は、みな惟仁親王方の馬が勝った。恵亮和尚が死んだというのは、良房の謀計だった。

次は相撲だった。惟喬親王側の力士は、六十人力と称されていた大男、右兵衛督名虎《なとら》だった。惟仁親王方からは、小男の少将大伴能男が、

〟夢想の告げあり〟

と称して志願して出、許されて出場した。

戦況は、終始、大男の名虎に利があった。小男の能男は、必死に名虎の脛に組み付いたが、しばしば二丈ほども投げつけられたり、頭から抑え付けられたりした。ちなみに当時の相撲には、土俵はない。

このとき惟仁親王の生母、良房の娘の明子が、使者を恵亮和尚のもとに急派した。

〟御方、すでに負け色に見ゆ。いかがせむ〟

大威徳の法を必死で修していた恵亮和尚は、これを聞いて、

〝こは心憂きことにこそ〟

といいざま、独鈷《どっこ》をもって自らの脳を砕き、乳和して護摩に焚き、黒煙を猛々とたてて、一揉みに祈った。

とたん、奇跡が起こった。小男の能男が、大男の名虎を打ち破ったのである。

以上の挿話が、どこまで本当だったか、もはや判然とはしない。いずれにしても両試合に勝った惟仁親王が、直後の十一月二十五日に皇太子に立ち、やがて即位して清和天皇になった。敗れた惟喬親王は、弟惟仁親王が皇位につくや、すぐに四品に叙せられ、大宰帥、弾正尹、常陸太守、上野太守などを歴任した。貞観十六年（八七四）九月二十一日、清和天皇は兄惟喬親王に、封戸百戸を贈与しようとした。しかし惟喬親王は、

〝いま持ちたる封戸のみで充分なり〟

として固辞したと、『日本三代実録』に記されている。のち二十九歳で出家し、小野里（山科町小野）に隠栖し、木地師の祖と仰がれることになる。

いずれにしても九歳で清和天皇が即位すると、外祖父の太政大臣藤原良房が、廟堂の実権を握った。そして応天門ノ変のさなかに、ついに摂政に就任している。

『日本三代実録』によれば、清和天皇は風姿は端正優美、性格は寛仁穏和、寡言にして進退に節度あり、人君としての雅量に富み、読書を好んで、深く仏教に帰依したという。

その治世の年号が「貞観」だったので、清和天皇の治世を、世に「貞観ノ治」という。よく治まった平穏な時代だったというのである。

天安二年（八五八）八月二十七日、清和天皇は即位した。そして十一年後の貞観十一年（八六九）二月一日、第一皇子の貞明親王が皇太子に立った。のちの陽成天皇である。

同十三年四月十日、藤原良房は、旧来の食封三千戸にさらに三千戸が加増された上に、准三宮の待遇が与えられることになり、人臣として最高の地位についた。

しかし翌年九月二日、六十九歳で良房は死んだ。直後の同十一月二十九日、養嗣子の基経が、後任の摂政になった。摂関政治は、ほぼ成立していたと言える。

そして貞観十五年（八七三）四月二十一日、清和天皇の御子十九人のうちの十三人に運命の断が下った。五皇子と三皇女が親王ないし内親王に挙げられ、四皇子と一皇女とが臣籍降下させられたのである。

皇親に挙げられた者と臣籍に下された者と、その運命を上下に分けたものは、それぞれの生母の身分だった。京都朝廷に官職を有する京官の姫が生母だった場合には、皇親に挙げられた。しかし生母が国司など外官だった者の娘だったら、臣籍に下されたのである。

貞固親王　治部大輔の橘休蔭の姫
貞元親王　参議兼治部卿の藤原仲統の姫

貞平親王　神祇伯の藤原良近の姫
貞保親王　中納言の藤原長良の姫
貞純親王　中務大輔の棟貞王の姫
包子内親王　参議兼左衛門督の在原行平の姫
孟子内親王　兵部大輔の藤原諸葛の姫
敦子内親王　中納言の藤原長良の姫

臣籍降下した五人は、すべて源姓を賜与された。

長淵　前石見守の大原野鷹取の娘
長猷　越中守の賀茂岑雄の娘
長鑒　信濃権介の佐伯子房の娘
長頼　前石見守の大原野鷹取の娘
載子　越中守の賀茂岑雄の娘

このときに親王に挙げられた五人のほかに、のちに四人が親王に挙げられて、清和天皇の親王は、すべてで九人になる。しかしいずれも孫王世代で臣籍降下する。こうして親王世代で臣籍降下した五人を含めると、いわゆる清和源氏は、すべてで十九流あったことになる。

- 清和（五六）
  - 陽成（五七）
  - 貞固親王
    - 国淵……①
  - 貞元親王
    - 兼忠……②
    - 兼信……③
  - 貞平親王
    - 女子……④
  - 貞保親王
    - 国忠……⑤
    - 国珍……⑥
  - 貞純親王
    - 経基……⑦
    - 経生……⑧
  - 貞辰親王……⑨
  - 貞数親王
    - 為善……⑩
  - 貞真親王
    - 蕃基……⑪
    - 蕃平……⑫
    - 蕃固……⑬
    - 元亮……⑭
  - 貞頼親王……⑮

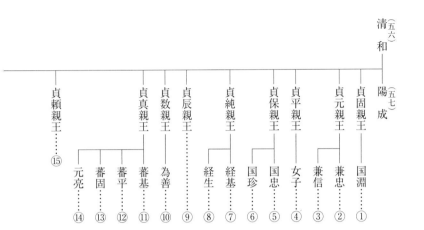

長淵……⑯
長猷……⑰
長鑒……⑱
長頼……⑲

以下、いわゆる「清和源氏」を十九流に分けて、各系統ごとの略史を略述する。

①　次男貞固親王の系統

貞固親王は、大宰帥などを歴任して、三品の弾正尹を極位極官とした。親王だけに与えられる位階である品位《ほんい》は、一品から四品までである。そのうちの三品だから、たいしたものではない。しかし品位に附随する品田は五十町だから、約五百石の収入になる。一人で暮らして行くには、経済的には充分だといえる。

臣籍降下したのは、貞固親王の一人っ子の国淵だった。中務大輔などを経て、従四位上の宮内卿を極位極官とした。しかし以降については、まったく判らない。

②　三男貞元親王の嫡男兼忠の系統

極位が四品だった貞元親王は、生涯、無官だった。その嫡男兼忠の代で臣籍降下して、正四位下の治部卿にまで昇り、その子能正は従四位上の皇太后宮亮になっている。

その子信成より以降、地方官に転出した。摂関政治の下では、京都では就職できなかったらしい。信成は従五位下の淡路守、その子成任は従五位下の駿河守だった。

しかし地方官を歴任すると、経済的には富裕になる。成任の三子成綱、成季、成員は京都に戻って、従五位下の兵衛尉に返り咲いている。それぞれの子も玄蕃助、刑部丞など京官についているが、この系統もこれまでだった。やはり子孫は、歴史の暗闇に消え去っている。

③　三男貞元親王の次男兼信の系統

兼信は従五位下で、侍従、三河守を歴任した。その子重之も父と同じ従五位下で、帯刀《たてわき》、左馬助、相模権介等々を歴任したが、これは重之が和歌の名人で、いわゆる三十六歌仙の一人だったからしい。

しかし以降、為清―致親―貞親―為業―章実と続き、致親は『金葉和歌集』にも詠歌が収められている歌人であるなど、歴代は和歌を嗜む家系として京都にいたらしい。大膳亮、左馬允、典薬允、少監物など、いずれも下級の京官だったのである。しかし摂関政治が続く京都では、これ以上のことは望めなかった。

④　**四男貞平親王の系統**

生母が神祇伯の藤原良近の娘だった故か、貞平親王も三品の神祇伯になっている。男子がなかったので、この系統は一代限りだった。なお一条君という女子があり、『後撰和歌集』に詠歌がある。

⑤　**五男貞保親王の嫡男国忠の系統**

生母が長兄陽成天皇と同じだったこともあって、貞保親王の品位は二品と高く、式部卿にもなって南宮と号している。しかし嫡男の国忠は従五位下にまで落ちており、生涯、無官だったらしい。系図も国忠の代までで、以降は判らない。

⑥　**五男貞保親王の次男国珍の系統**

国珍自身は、但馬守、美濃介、伊与介、上総介などの地方官から、左衛門佐、内蔵頭、春宮大進などの京官まで歴任したが、従四位下どまりだった。以降のことは、まったく判らない。

⑦　**六男貞純親王の嫡男経基の系統**

『系図纂要』には、貞純親王が生まれたのは、貞観十五年（八七三）三月二十三日だったとある。すると貞観十五年四月二十一日に親王に挙げられたときは、実に生後一ヶ月未満だったことになる。

長じて上総太守、常陸太守などを歴任したが、いずれも親王任国の国だったから、実務はない。さらに中務卿、兵部卿などの京官にも就任しているが、これも年給が与えられるだけで、実務はない。中務卿に任じられたとき、官位相当に従って正四位下に叙せられている。

もともと親王としても無品だったが、晩年になって、四品に叙せられている。逸話、伝承などがまったく伝わらないことから見て、まさに平凡な生涯を送ったものらしい。延喜十六年（九一六）五月七日、四十四歳で死んだ。

貞純親王の嫡男経基王は、天徳五年（九六一）十一月四日、四十五歳で死んだ。逆算すると、延喜十六年の生まれということになる。これは父貞純親王の没年にあたる。あり得ないことではないが、やや不自然ではある。

貞純親王が清和天皇の第六皇子で、経基王は清和天皇の孫王にあたるからというので、経基王は六孫王と称したという。しかし他に一孫王や二孫王という呼称はないから、これもやや不自然である。

天慶元年（九三八）頃、経基王は武蔵介に任じられた。武蔵国の国司の次官である。『将門記』にはすでに「源経基」とあるが、この時点では、まだ臣籍降下はしていない。『将門記』は、やがて経基王が臣籍降下した後に書かれたのである。

任国に下った経基王は、武蔵国箕田郷（鴻巣市大間の大間公園）に居館を構えた。そしてまずやったのは、貢租の苛徴であり、国内巡検に名をかりた略奪だった。在任中に可能な限り荒稼ぎをしておこうという魂胆が、あまりにも見え見えだった。

これに抵抗したのが、足立郡司の武蔵武芝だった。国司に対して強くは反抗できなかったので、一族郎等と共に山野に逃げ籠もったのである。

このとき、調停に立ったのが平将門だった。やがて将門の任俠のお蔭で、和解の宴が開かれることになった。

将門、武蔵武芝、そして経基王の同僚だった武蔵権守の興世王らは集まって、酒宴となった。しかし慎重に過ぎたのか、経基王は自分の陣営に屯ったまま、いっかな宴席に出てこようとはしなかった。

このとき小さな事件が起こった。誰の麾下とも知れぬ武者が、泥酔して経基王の陣営に近づいたのである。一緒に呑もうと、誘いに来ただけだったのかも知れない。

ときに経基王は、二十三歳という若さ。荒ぶる坂東《ばんどう》には、まだまだ馴れてはいない。将門、武芝らが共謀して、襲ってきたと誤解してしまったのである。

やにわにその場を馳せ去るや、あろうことか京都まで突っ走って、

〝将門謀叛〟

と、朝廷に急報したのである。

これを知った将門が、すぐに陳弁の書を京都に送ったので、すぐに経基王の急報は、嘘と判明した。

結果、将門の武威を怖れて逃げ帰ってきた経基王は、

〝あれよ、臆病者〞

と罵られた上に、『貞信公記』によれば、直後の五月九日、左衛門府に禁獄されたらしい。

『将門記』では、

介の経基、いまだ兵の道に練れず。

と、評されている。

ところが同年十二月、本当に将門が叛乱した。坂東諸国の国衙を占領して、新皇と号したのである。そのとたん、経基王に対する世評が一変した。事前に将門謀叛と報告したことは、経基王に先見の明があったことを示すものとされ、その先見の明は生まれつき武勇に勝れているからだとされた上に、ただちに編成された将門追討軍において、副将軍の地位が与えられたのである。

しかし経基王は、将門とは戦わずに済んだ。追討軍が坂東に到着するより前に、藤原秀郷、平貞盛らが、将門を討ち取っていたからである。

直後、経基王は西海に派遣された。今度は、藤原純友追討が任務だった。事前に将門謀叛を見破るほどの経基王の武勇（?）を、朝廷は放っておかなかったのである。

博多湾での大海戦などの純友追討戦で、どんな軍功を経基王が樹てたか、はっきりしない。しかし純友ノ乱平定後、その残党の桑原生行を、経基王は生け捕っている。こうして経基王の武勇（?）は、またまた世上に鳴り響くことになった。

『尊卑分脈』は、ついに経基王を目して、

天性、弓馬に達っし、武略に長ず。

としている。こうして経基王は、生まれつきの武人ということになり、とうとう本当に武士への途を歩き出してしまったのである。

その結果、経基王の子孫に頼信、頼義、八幡太郎義家などから、義朝、頼朝などまでが現れ、この系統はついに「武門ノ名家」と謳われる武家源氏になって行く。

まさにヒョウタンからコマと言うべきか、ヒョンなことが契機となって、この系統は史上に燦《さん》として輝くことになる。結果的に見ても、経基王が武士化の途を選んだことは、きわめて正解だったのである。

他の臣籍降下した諸源氏の多くは、そのまま京都に留まって、中央政府の官僚の道を歩もうとした。初代や二、三代目あたりまでは、なんとか朝廷に仕えることはできた。しかし四代・五代と代を重ねて行くうちに、しだいに就職口さえ見つけられずに衰微して行き、やがて歴史の表面から消え去って行った。

このようなとき、経基王の系統だけは、地方に下って新天地を切り開き、武士となって歴史の表面に復活して行ったのである。そのキッカケがヒョンなことだったにしても、とにかく運命的なキッカケではあった。

その後の経基王は、下野、上野、上総などでの次官を経て、信濃、伊予、武蔵、美濃、筑前、但馬などの国司を歴任し、正四位上にも叙せられ、内昇殿も許されたという。

臣籍降下したのは、『尊卑分脈』と『系図纂要』とには天徳五年（九六一）六月十五日とあり、『続群書類従』所収の「源氏系図」では月日は同じ六月十五日だが、年は一年前の天徳四年と記されている。

なお、天徳五年は二月十六日までで、その日に改元されて応和元年になっているから、天徳五年に六月十五日はない。だから経基王が臣籍降下したのは、天徳四年六月十五日だったと思われる。直後の応和元年（九六一）十一月十日、京都西八条（南区八条町の六孫王神社）で、源経基は死んだ。

⑧　六男貞純親王の次男経生の系統

『続群書類従』所収の「源氏系図」では、経基は一人っ子として記されている。しかし、『尊卑分脈』と『系図纂要』によれば、弟が一人あったとある。経生王である。これも臣籍降下して源経生となり、従五位上の越後守になっている。

しかし、経生の系統は、子の公節、孫の忠季までしか判らない。公節は従五位下の民部丞になっているが、忠季については、まったく判らない。経生の系統はヒョンなキッカケにも恵まれず、臣籍降下後も京都に留まっていて、歴史の背後に消えて行ったらしい。

⑨　七男貞辰親王の系統

貞辰親王については、四品に叙せられていたとしか判らない。子孫についても、まったく不明である。

⑩　八男貞数親王の系統

延喜十六年（九一六）五月十九日、四十二歳で貞数親王は死んだ。逆算すると、貞観十七年（八七五）の生まれということになる。四品だったという。貞数親王については、これだけしか判らない。孫王の為善王が臣籍降下して源為善となり、従四位下の大舎人頭になった。その子惟盛は従五位下になったが官職は不明で、その弟惟忠については、位階すらも判らない。この系統は、ここで切れている。

⑪　九男貞真親王の長男蕃基の系統

貞真親王が死んだのは、承平元年（九三一）九月二十日とも同三十日ともいう。かなりの長生きではあるが、三品の兵部卿どまりだった。

その子蕃基王が臣籍降下して源蕃基となり、従五位下の土佐権守まで昇った。しかし一子雅行については、名前しか判らない。もちろん以降も、不明である。

⑫ 九男貞真親王の次男蕃平の系統

貞真親王の次男蕃平王は臣籍降下して源蕃平となり、従五位下の大膳大夫になった。一子為堯《ためたか》も従五位下で、出雲守になったことが知られるが、それより以降は判らない。

⑬ 九男貞真親王の三男蕃固の系統

蕃固王は臣籍降下して源蕃固となり、従五位下の加賀権守になったが、その子孫は判らなくなっている。

⑭ 九男貞真親王の四男元亮の系統

貞真親王の四人の男子のうち、数代のちのことまで判るのは、この系統だけであるが、それも元亮が経基の娘と結婚し、一子孝道が経基の嫡男満仲の養子になったからだった。

それでもこの系統は、孝道の孫の代で断絶している。

⑮ 十男貞頼親王の系統

四品だった貞頼親王は、延喜二十二年（九二二）二月八日に死んだ。子がなかったらしく、そのまま絶家となった。

⑯　十一男長淵の系統

親王世代で臣籍降下した長淵については、彼が従四位上に叙せられたこと以外、官職や子孫についても、まったく判らない。

⑰　十二男長猷の系統

長猷は臣籍降下した後、従三位の刑部卿にまで昇った。長子嘉樹は正五位下の美作守、次子嘉生は従五位下の阿波守、三子嘉実は従五位上の木工権頭になった。

長子嘉樹の長男清遠は従五位下の遠江守、次男清風も従五位下で越中介だった。この系統も、清遠の子親平で絶家した。親平は検非違使で、出羽守だったという。

⑱　十三男長鑒の系統

長鑒については、従三位だったことしか伝わらない。子孫についてはまったく判らない。

⑲　十四男長頼の系統

長頼は正四位下で、右兵衛督、長門権守を歴任した。一子有忠が従五位下の長門権守になったというほか、子孫については判らない。

五　陽成源氏

貞観十八年（八七六）十一月二十九日、二十七歳の父帝清和天皇の譲りを受けて、第一皇子の貞明親王が即位した。第五十七代陽成天皇である。

ときに九歳でしかなかったので、生母藤原高子の兄藤原基経（良房の養嗣子）が、摂政となった。やがて陽成天皇が十三歳になった元慶四年（八八〇）十一月四日、基経は関白に転じた。

結局、陽成天皇が在位していた元慶年間には、廟堂の政務の実権は、実質的に基経が握っていたことになる。それかあらぬか、一見、元慶年間は平穏だった。

ところが元慶六年正月二日、陽成天皇は十五歳で元服した。政務の実権を回復して、天皇親政の実を挙げようとしたらしい。必然的に、関白基経との対立が生じた。

そして翌年八月十二日、基経は関白辞任を上表した。しかし陽成天皇は、その受理を拒絶した。以降の二ヶ月の間、数度にわたって基経は関白辞任を申し入れ、そのつど陽成天皇は、これを拒絶した。

その二ヶ月の間、基経は朝廷に出仕しなかった。また陽成天皇は、宮中の行事に出席しなかった。朝政はとまり、政務はとどこおった。多くの公卿たちは、ひっそりと事態の成り行きを見守っていた。異常な事態は、やがて三ヶ月目を迎えた。この間、生来、馬好きだった陽成天皇は、紫宸殿で馬を見るというようなことはしていた。

そして十一月十日、宮中で事件が起こった。こともあろうに、殺人事件だった。陽成天皇の乳兄弟だった嵯峨源氏の源益が、殴り殺されたのである。

朝廷で編纂した正史である『日本三代実録』は、犯人について言及はしていない。しかし『尊卑分脈』の益の父蔭の項に、「陽成院、これを殺す」とある。『尊卑分脈』は益と蔭とを間違えたのだろうから、益殴殺の犯人は、陽成天皇だったことになる。

直後、朝廷での儀式などは、すべて中止になった。ひっそりと朝廷は静まりかえった。

このようなとき、陽成天皇は禁中で、馬を駈けさせていた。これを知った基経は、すぐに参内して、馬を禁中から追い出した。天皇に対する挑戦であり、また無言の諫言でもあった。

それでも無言の対立は続き、やがて年も改まって元慶八年（八八四）となり、その正月も過ぎて、ついに二月に入った。

そして二月四日、ついに陽成天皇が折れた。

朕、近く身病しばしば起り、やゝもすれば疲れとみに多し。社稷のこと重く、神器は守り難し。

と基経に書き送って、退位の意志を表明したのである。

こうして、陽成天皇の治世は終わった。在位はわずか八年でしかなかったが、退位した後は長命だった。天暦三年（九四九）九月二十九日、京都の冷泉院で死んだとき、実に八十二歳だったのである。陽成天皇の暴逆の振る舞いの原因を、多くの研究者は〝奔放なまでのエネルギーの強烈さ〟の故とする。また一部には、一種、特別な精神性の病気だったともする。いずれにしても当時の文献で、陽成天皇は「悪君の極み」とか、「乱国の主」と呼ばれている。

陽成天皇が突然に退位したので、後任の天皇の人選が、廟堂で問題になった。

「いかがは。ちかき皇胤をたづぬれば、融らもはべるは」

嵯峨源氏の融が、こう言い放ったのは、このときであった。いずれにしても退位したとき、陽成天皇には皇子は一人もいなかったのである。

しかし退位後に、七人の男子が生まれた。うち四人は親王に立てられて皇籍に留まったが、残り三人は臣籍降下している。どこに区別があったのだろうか。

七人のうち三人だけは、生没年が判明する。第一皇子の元良親王は、天慶六年（九四三）七月二十七日、五十四歳で頓死した。逆算すると、寛平二年（八九〇）の生まれということになる。

第三皇子の元長親王は、天延四年（九七六）九月十日、七十六歳で死んだ。生まれたのは、延喜元年（九〇一）ということになる。

そして六男とされて臣籍降下した清蔭は、天暦四年（九五〇）七月三日、六十七歳で死んだ。陽成天皇が退位した元慶八年に、生まれたことになる。

生年が判明する三人のうち、最年長だった清蔭が六男とされていて、しかもすぐに臣籍降下したのである。親王に挙げられるか、臣籍降下するか、その区別は生まれた順ではなかった。

七人の生母を表示すると、次のようである。

元良親王　主殿頭の藤原遠長の娘
元平親王　主殿頭の藤原遠長の娘
元長親王　従三位の姉子女王
元利親王　従三位の姉子女王
清　遠　佐伯氏の娘
清　蔭　紀氏の娘
清　鑒　伴氏の娘

これで区別の方法が、判明する。生母が藤原氏一族か天皇家だったら親王に立てられ、生母が佐伯、紀、伴などの娘だったら、すぐに臣籍降下されたのである。

なお、生母の出自がよかったので親王に立てられた四人の系統も、結局は孫王あるいは曾孫王の世代で臣籍降下している。以降はしだいに衰微して行くのは、他の系統と同じである。

左の系図は、それぞれの極位と極官を表示したものである。

- (五七)陽成
  - 元良親王
    - 佐村王(従五上)
    - 佐時王(従五上　中務大輔)
    - 佐頼王(従四上　大舎人頭)
    - 佐兼王(従五上)
    - (源)佐芸(従四上)
    - (源)佐平(中務大輔　刑部卿)
    - (源)佐親
  - 元平親王
    - (源)兼名(従四下)
  - 元長親王
    - (源)兼明(従四上　中務少輔)
  - 元利親王
    - (源)忠時(従五上　中務大輔)
  - 清遠(従四上　刑部卿)
  - 清蔭(正三位　大納言)
  - 清鑒(従三位　刑部卿)

なお、陽成源氏の場合でも、早い世代で臣籍降下したほうが、高い官位に昇っていることが看取さ

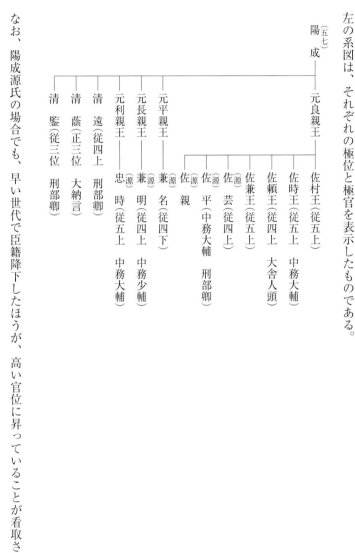

れる。

六　光孝源氏

第五十四代仁明天皇から以降、文徳、清和、陽成と続いた四代は、父から子へ、また父から子へという順当な順序だった。ところが第五十七代陽成天皇が、まだ皇子も生まれていないのに突然に退位したことは、廟堂に問題を惹き起こすことになった。

次の天皇は、誰にするか、である。

「いかがは。ちかき皇胤をたづねれば、融らもはべるは」

嵯峨源氏の左大臣源融が言い放ったのは、このときである。

「皇胤なれど、姓を給ひて、ただにてつかへて、位に即《つ》きたる例やはある」

と藤原基経が切り返したということは、すでに先述してある。

自薦、他薦と、候補者が続出しそうだった。実際、陽成帝には同母弟の貞保親王があり、基経の娘佳珠子《かずこ》が故清和天皇との間に生んだ貞辰親王も、有力な候補だった。また源融などの嵯峨源氏のほかにも、仁明源氏、文徳源氏など、「ちかき皇胤」はいくらでもいた。

しかし廟堂の高官たちが怖れていたのは、貞辰親王を基経が推すのではないかということだった。

貞辰親王が皇位に即けば、基経はその外祖父ということになるからだった。

このとき廟堂で主導権を握っていたのは、その藤原基経だった。廟堂で最高の官である太政大臣だった上に、すでに関白を兼ねていたからである。そして基経は、すでに胸中に一計を秘めていた。最初に基経が候補として名を挙げたのは、恒貞親王だった。第五十三代淳和天皇の皇子で、第五十四代仁明天皇の皇太子でもあったが、承和ノ変で藤原良房ら廟堂の高官たちに斥けられていた親王である。

正当な順序という点では、この人選は穏当だったかも知れない。嵯峨天皇の直系が陽成天皇で断絶すれば、嵯峨天皇の弟淳和天皇の系統が皇位に即くのは、誰の目からも順当に見えたはずである。しかし廟堂の高官たちは、とたんに結束して反対した。かつての承和ノ変では、高官たちはみな良房に協力して、恒貞親王の追い出しに一役買っていたからである。自分たちに怨みを抱いているに違いない恒貞親王が皇位に即くなど、あってよいことではない。

恒貞親王推戴に高官たちが一致して反対すると、おもむろに基経は切札を開いて見せた。仁明天皇の第三皇子だった時康親王である。

〝恒貞親王では、絶対にいやだ〟

こういう線で一致していた高官たちには、時康親王はまさに次善の人物だった。高官たちはみな時康親王とは親交があったし、なによりも基経が貞辰親王の名を挙げなかったことに喜んだ。

こうして皇位には、時康親王が即くことになった。第五十八代光孝天皇である。ときに実に五十五歳だった。

ちなみに時康親王は、五十五歳になる今日まで、皇位に即くことなど、夢にも考えずに過ごしてきていた。

生まれたとき、すでに第三皇子だった。二人の兄をさしおいて皇位に即くなど、すでにあり得ることではなかった。そして皇位は、兄文徳天皇が嗣ぎ、文徳天皇の御子の清和天皇、そのまた御子の陽成天皇へと続いて、ますます皇位は時康親王から遠ざかって行った。

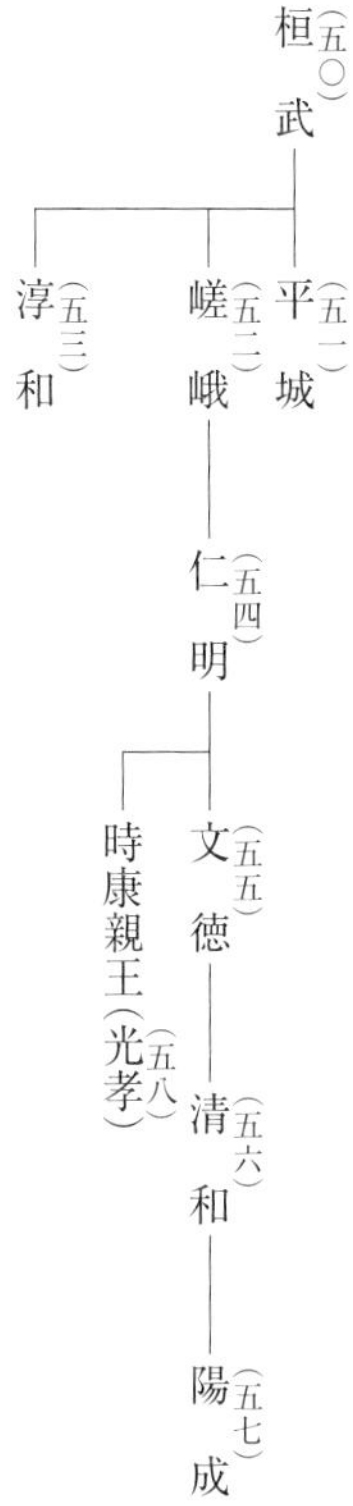

こうして時康親王は、終始一貫して、皇位とは縁がなかった。だから早くから皇位は断念し、なんの野望も抱かず、一種、諦めに似た心境になっていた。周囲からも皇位に即くなどと、期待されることもなかった。

そして時康親王は、財政的にはかなり裕福だった。七歳にして四品に叙せられて、品田四十町が与えられ、十三歳のとき山城久世郡で空閑地三町が、加増されていたのである。

なんらの野望も抱かず、あくせく働く必要もなく、四品の親王という社会的地位もあるという環境は、時康親王の性格形成に大きく影響した。

素直で正直で、きわめて穏和、すべての人から好かれ、友人として迎えられる。だから交際も広いが、決して他から疑われるようなことはない。

『三代実録』は時康親王を、次のように評している。


少にして聡明、好みて経史を読む。容姿は閑雅にして謙恭和順、慈仁寛曠。九族に親愛され、性は風流多く、もっとも人事に長ず。


このような人柄の時康親王が、光孝天皇になったのである。まさに棚から牡丹餅、降って湧いたような幸運だった。そしてその幸運は、藤原基経がもたらしたものだった。光孝天皇が基経を厚く遇したのは、まさにもちろんだった。

しかし廟堂の高官たちは、このときになって初めて気が付いた。基経の母藤原乙春と光孝天皇の母藤原沢子とは、同母の姉妹だったのである。こうして光孝天皇が即位すると、関白兼太政大臣には、そのまま基経が在任することになった。

五十五歳という高齢での即位だったから、すぐにも皇太子を立てるべきだった。そして光孝天皇には、すでに十九人の皇子があった。だから、すぐにも立太子はできたはずだし、またするべきであっ

（数え年）

代数	天　皇	立太子	在位	崩御	退位から崩御まで	摂　　関 （天皇の……）
55	文　徳	16	24～32	32	0	
56	清　和	1	9～27	31	4	良房（母ノ父） 基経（母ノ兄）
57	陽　成	2	9～17	82	65	基経（父ノ母ノ兄）
58	光　孝	—	55～57	57	0	基経（母ノ姉ノ子）
59	宇　多	21	21～31	65	34	——
60	醍　醐	9	13～46	46	0	——
61	朱　雀	3	8～24	30	14	忠平（母ノ兄）
62	村　上	19	21～42	42	0	忠平（母ノ兄）
63	冷　泉	1	18～42	62	20	実頼（母ノ父）
64	円　融	9	11～26	33	7	実頼（母ノ父）伊尹（母ノ父ノ弟ノ子）兼通（母ノ兄）兼家（母ノ兄）
65	花　山	2	17～19	41	22	頼忠（母ノ父ノ兄ノ子）
66	一　条	5	7～32	32	0	兼家（母ノ父）道隆（母ノ兄）道兼（母ノ兄）
67	三　条	11	36～41	42	1	道長（母ノ兄）
68	後一条	4	9～29	29	0	道長（母ノ父） 頼道（母ノ兄）
69	後朱雀	9	28～37	37	0	頼通（母ノ兄）
70	後冷泉	13	21～44	44	0	頼通（母ノ兄）
71	後三条	12	35～39	40	1	教通（父ノ母ノ兄）
72	白　河	17	20～34	77	43	教通（父ノ母ノ兄） 師実（父ノ母ノ兄ノ子）

た。

　しかし光孝天皇には、基経への配慮の方が重要だった。即位の直後にまず数人の御子を臣籍降下させ、四年後の仁和三年（八八七）、残りの御子たちを臣籍に下した。そして在位四年で病床に伏すと、次の天皇の人選は、

「ただ御はからいにこそ」

と、基経に委ねている。結局、光孝天皇は、基経のロボットだったのである。

　在位中に光孝天皇が臣籍降下させた多くの御子たちは、源姓を賜与されて光孝源氏となった。藤原摂関家と関係が深かったせいか、なかには約三百年後の源平合戦期まで、代を重ねた系統もあった。しかし所詮は、藤原氏が要職を独占していた時期である。たかだか従五位前後の存在でしかなく、やがて歴史の表面から消えて行った。

　しかし光孝天皇の死後、不思議なことも起こった。光孝天皇の在位中に臣籍降下していた二人の御子が、親王に復辟したのである。宇多天皇の兄だったからかも知れない。しかし、その是忠親王、是貞親王の両系統も、やがては臣籍降下して歴史の闇の中に消えて行った。多くは源姓賜与だったが、同世代での臣籍降下にさいして、一部には平姓賜与もあった。

七　宇多源氏

病床にあった光孝天皇から、次代の天皇の人選を、

「ただ御はからいにこそ」

と委ねられた藤原基経は、一瞬、考えた。

光孝天皇が第三皇子（第七とも）の源定省《さだみ》を寵愛していたことを思い出すと、すぐに、

「定省殿をこそ」

と答えた。

喜んだのは、光孝天皇である。すぐに定省を枕頭に呼ぶと、左手で基経の手を取り右手で定省の手を握って、

「基経公の恩、まことに深し。よくよく是をしらせ給へ」

と言ったと、『愚管抄』に見えている。

そして仁和三年（八八七）八月二十五日、すでに臣籍降下して侍従を務めていた源定省の臣籍を削って定省親王とし、翌二十六日には皇太子に立てた。

この処置が済んで安心したのか、同日、光孝天皇は五十八歳で死んだ。即日、定省親王は即位。

第五十九代宇多天皇である。

続いて宇多天皇の兄二人が、親王に復辟した。これまたすでに臣籍降下していたのを、皇籍に戻したのである。

いずれにしても宇多天皇の例は、きわめて珍しい。

「いかがは。ちかき皇胤をたづぬれば、融らもはべるは」

と言った源融に対して、

「皇胤なれど、姓を給ひて、ただにてつかへて、位に即《つ》きたる例やはある」

と反論した基経自身が、その先例のないこと、すでに臣籍降下していた定省を、皇位に即けたのである。きわめて珍しいと言わざるを得ない。

珍しいと言えば、さらに珍しいことがあった。宇多天皇と藤原基経とは、ほとんど血縁関係がなかったことである。

宇多天皇の生母班子女王は、桓武天皇の皇子の仲野親王の姫だった。だから宇多天皇は、父系はもちろん、母系から見ても皇系だった。

即位四年後の寛平三年（八九一）正月十三日に基経が五十六歳で死ぬと、以降七年の在位の間、宇多天皇が摂政あるいは関白を置かなかったのは、ここに理由があったのかも知れない。

なお、清和・陽成・光孝の三代および宇多初政の間、良房・基経父子二代が摂関だった。この時期を、通常、初期摂関政治という。そして宇多天皇の治世後半は、天皇親政だったのである。とはいうものの宇多天皇が、まったくの独裁を行ったわけではない。菅原道真を重用したことは、世に知られた事実である。

宇多天皇が親政したせいか、その親王の世代での臣籍降下は無かった。そのかわり醍醐天皇を除く十親王の子の孫王世代で、みな臣籍降下して源姓を賜与されている。

- 宇多（五九）
  - 醍醐（六〇）
  - 斉中親王
  - 斉世親王
    - 英明
    - 庶明
  - 敦慶親王
    - 後古
    - 方古
  - 雅明親王
  - 敦固親王
    - 宗至
    - 宗城
    - 寛忠

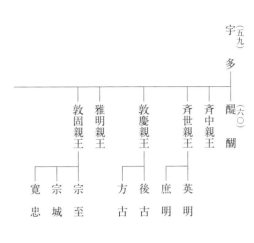

斉邦親王
載明親王
敦実親王
　├雅信
　├重信
　├寛信
　└(僧)寛朝
行中親王
行明親王―重熙

だから本来の宇多源氏は、すべてで十流だったことになる。しかし多くは、数代の後に絶家した。いずれも摂関政治の時期に京都に留まっていて、官職に恵まれなかったのである。

同じように京都に留まっていたのに栄えたのは、第九皇子の敦実親王の嫡男源雅信の系統だった。雅信の母が、基経の嫡男藤原時平の娘だったからだろう。

雅信―時中―済政―資通―政長―有賢―資賢―通家―雅賢―有雅―資雅
　　└時方―仲舒―仲頼―仲棟―仲親―光遠―仲国―仲隆―仲通―仲治
　　　　　　　　　　　　　　　　　　　└仲章―遠章―仲経―仲藤
重信
寛信

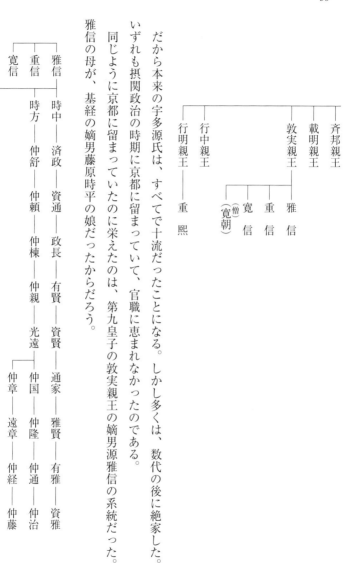

扶義—成頼—章経—経方—季定—秀義

- 定綱—信綱—氏信—満信
- 経高—高重—高兼—高清
- 盛綱—信実—実秀—実綱
- 高綱—光綱—春高—景元
- 義清—泰清—時清—宗清

生母が藤原時平の娘だったということは、雅信、重信、寛信の同母の三人兄弟に、大きく役立った。雅信は正一位の左大臣、重信は正二位の左大臣、そして寛信は正四位下の左京大夫と、それぞれかなりの高位にまで昇れたのである。

しかし生母の実家からの余光は、この世代までだった。三人兄弟の子の世代は、それぞれの途を自力で辿って行かなければならなかった。そして長兄雅信の男子三人は、それぞれに新しい途を切り開いて行った。

雅信の長男時中の系統は、そのまま京都に留まって、芸能の途を選んだ。蹴鞠、郢曲《えいきょく》、和琴、笛などのほか、とくに琵琶の名手を輩出して、「堂上源氏」と呼ばれる公卿家になったのである。

芸能の途を選択したことは、まさに正解だった。藤原摂関家の担当分野と抵触しなかったので、中流の公卿として生き残ることができたのである。江戸時代には琵琶の名門として、世上から尊ばれている。この系統の苗字には、庭田、綾小路、岡崎、佐々木野などがある。

雅信の次男時方の系統は、学問の途を選んで、文章道《もんじようどう》を家業とした。やはり藤原摂関家と抵触するのを、意識的に避けたのである。だから中級の公卿家としては、永く生き続けている。

時方から七代目の弾正少弼の源仲国は、平家全盛の頃、高倉天皇に近侍した。高倉天皇の寵姫小《こ》督局《ごうのつぼね》が平清盛によって斥けられたとき、天皇の密命で嵯峨野まで小督局を探しに行ったという挿話は、『平家物語』での名場面である。

その弟の文章博士だった源仲章も、ある意味では有名である。鎌倉に下って三代将軍実朝に仕え、その侍読になると共に、幕府政所の別当にもなった。しかし承久元年（一二一九）正月二十七日の夜、鶴岡八幡宮で実朝と共に、公暁に斬られている。

仲国・仲章兄弟の子孫は、やはり家業を嗣いで中流の公卿として、永く続いた。この系統の苗字には、五辻、慈光寺などがある。

宇多源氏諸流のうち、もっとも有名になったのは、雅信の三男扶義の系統だった。近江国に土着して武士化し、「武家流宇多源氏」あるいは「近江源氏」となって、「佐々木」と名乗ったのである。多くの系図では、扶義は「近江源氏佐々木一流ノ元祖」となっている。しかし扶義は近江守にはなったが、土着はしなかったらしい。それでも遥任しないで任国に赴任したので、近江一国に一定の権威は持ったようである。

その権威を利用して近江佐々木荘（安土町・八日市市）に土着した初代は、扶義の子の成頼だったとされる。しかし佐々木荘内に小脇館（八日市市小脇町）を構えて武士化し、「佐々木」という苗字を初めて名乗ったのは、さらにその孫の経方だったらしい。

しかし佐々木氏の土着と武士領主化は、それほど容易ではなかった。古くからの名族だった阿倍氏系の佐々貴山氏が、荘内の佐々貴神社（安土町常楽寺）を拠点として根を張り、新入りの佐々木氏に対抗して「本佐々木」氏を名乗って、迎え撃ってきたからである。

経方の子季定の長男と次男は、本佐々木勢が仕掛けてきた夜討ちで、討ち取られてしまった。危うくその場を遁れた三男の秀義は、清和源氏の棟梁だった源為義の家人になった。ときに十三歳だった。このとき為義は、秀義を猶子にしたともいう。

為義の庇護の下で育った秀義は、やがて結婚して四人の男子をもうけた。定綱、経高、盛綱、高綱である。この間、秀義は、矢作《やはぎ》の名人にもなっていたという。

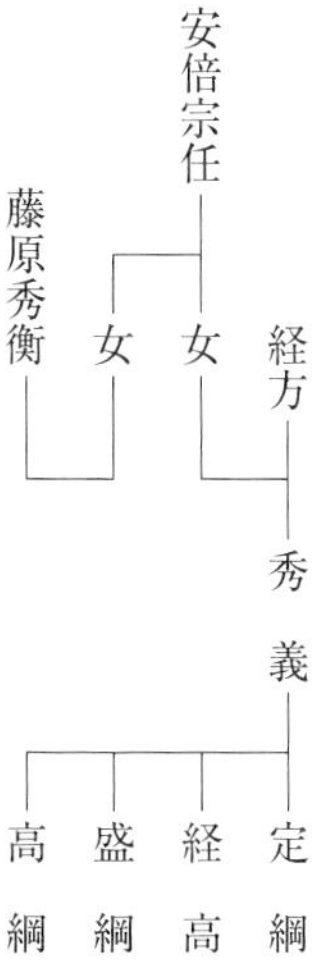

ところで秀義の母と奥州の覇者藤原秀衡の妻とは同母の姉妹で、前九年ノ合戦での勇者安倍宗任の

娘だった。矢作の名人だったことと、この血縁関係がもとになって、秀義は主君為義の使者として陸奥に差遣されることが多かった。陸奥特産の鷲羽と軍馬とを、求めるためである。もちろん鷲羽は、矢にすげるのである。

京都・平泉間を幾度も往復したことは、秀義に一つのことをもたらした。その途中、鎌倉に立ち寄って為義の嫡男義朝に出会うと、秀義は真の主君を義朝に見出したのである。秀義は義朝の家人になった。

息子の義朝に家人の佐々木秀義を奪われたかたちになった為義は、そのかわりを本佐々木氏に求めることになった。本佐々木行正が為義の家人になったのは、『愚昧記』所収文書によれば、保延五年（一一三九）のことであった。

そして保元元年（一一五六）七月、保元ノ乱が起こった。天皇家では崇徳上皇と後白河天皇という兄弟間の戦いであり、清和源氏では為義・義朝父子間の合戦だったが、一面では佐々木秀義と本佐々木氏との佐々木荘の争奪戦でもあった。

このとき佐々木秀義は、義朝の指揮下で随分の活躍をしていた。しかし本佐々木氏が戦場にいたかどうか、定かではない。

いずれにしても、為義は敗死した。庇護者を失った本佐々木成綱は、以降は平清盛を庇護者に仰ぐことになる。そして確実な史料はないが、乱後に秀義は、佐々木荘を取り戻せていたかも知れない。

しかし秀義の佐々木荘領有も、束の間でしかなかった。三年後の平治元年（一一五九）十二月の平治ノ乱で、秀義が主と仰いでいた義朝は、平清盛に敗れて死んだのである。

またも佐々木荘は、本佐々木氏に取り返された。当荘を戦功の地として領家職を握った平清盛は、その領家職を比叡山延暦寺に寄進したが、現地の支配にあたる下司職は、本佐々木成綱に委ねられたのである。佐々木荘を失った秀義は、またも牢籠の身となった。

なお、平治ノ乱の合戦には、秀義は出陣してはいなかった。相模渋谷荘（藤沢市長後）の領主渋谷重国の館で、重病に臥せっていたのである。かつて為義の家人だったとき、京都・平泉間を幾度も往復するうちに、渋谷重国の娘と再婚していたのである。異母の五男義清も、すでに生まれていたらしい。

平治ノ乱後の二十年間、佐々木秀義は渋谷重国の入婿として、重国館にいた。そして四人の息子たちは、しばしば伊豆の流人だった頼朝の許《もと》を訪れては、源家の再興、佐々木荘の奪還を夢見ていた。

三男盛綱が十六歳になった仁安元年（一一六六）十月十七日の夜、頼朝の御前で盛綱は元服した。盛綱の「盛」は、烏帽子親《えぼしおや》の安達盛長の「盛」を貰ったものだった。

それにしても時代は、平氏の全盛期だった。平氏側の渋谷重国の館にいるのは、佐々木父子にも苦難だったらしい。やがて長男定綱は下野宇都宮神社（宇都宮市）の社家宇都宮朝綱の許に入婿し、三男盛綱も相模波多野荘（秦野市）の波多野義常の許に、婿として入っている。

そして治承四年（一一八〇）八月十七日、ついに頼朝は立った。源平合戦の開始である。とにかく過少だった頼朝軍では、佐々木兄弟四人の存在は大きかった。平氏側の山木兼隆館に放った次男経高の矢は、まさに〝源家が平氏を征するの第一箭〟であった。

それからの五年間、源平合戦は激烈をきわめた。しかし四人兄弟の軍功は、つねに群を抜いていた。異母の末弟義清も、緒戦の頃は生母の実家の関係で平氏側だったが、すぐに頼朝に服属して、兄たちと肩を並べて戦った。

兄弟が樹てた数多い軍功のなかでも、四郎高綱が宇治川の先陣をしたというのは、とくに有名である。

ところが一ノ谷合戦直後の元暦元年（一一八四）七月、思わぬ事件が起こった。山木兼隆の父和泉信兼や平田家継らの伊勢平氏が、西海に都落ちした平氏の本軍に相呼応するかのように挙兵して、京都・鎌倉間の連絡道を断つと同時に、さらに伊勢から近江に侵攻してきたのである。いわゆる三日平氏ノ乱である。

このとき、近江佐々木荘の小脇館にいたのが、佐々木秀義だった。永年の念願叶って、ついに本領を取り戻していたのである。そして三日平氏ノ乱が起こったのを知るや、すぐに軍を編成して近江大原荘の油日川《あぶらひがわ》北岸（甲賀町）に布陣して、北進してくる平氏勢を待ち受けた。

そして七月十九日酉ノ刻（午後六時）、油日川南岸の与野郷に、黒々と平氏勢の姿が現れた。五郎義清を相具した佐々木秀義は、川を挟んで平氏勢を迎え撃った。しかし所詮は、多勢に無勢だった。渡河に成功した平氏勢との乱戦のなかで、老将佐々木秀義は戦死した。

秀義の死は、無駄ではなかった。この間に軍を編成した大内惟義・山内経俊などの援軍が、直後に馳せつけてきたのである。平氏勢は敗れて四散したが、すでに秀義は、こと切れていた。

やがて源平合戦が源家の大勝利に終わると、当然のことながら、佐々木兄弟への行賞は大きかった。長男定綱は、佐々木荘を返付されて惣領地頭に任じられ、本佐々木成綱は定綱の指揮下に入るよう、頼朝に命じられた。かつては平氏に仕えていた本佐々木成綱・俊綱父子は、一の谷合戦で旧主平通盛を討ち取って、源家に降伏してきていたのである。

佐々木荘のほかにも多数の所領を与えられた上に、定綱は長門・石見・隠岐三国の守護にも任じられた。

この系統の主流は京極流と呼ばれ、南北朝内乱期の佐々木道誉、戦国末期の京極高次などを輩出し、江戸時代には讃岐丸亀藩六万石、同多度津藩一万石などのほか、但馬豊岡藩、丹後峰山藩などにも分流して明治維新を迎えている。

この系統の苗字には、次のようなものがある。京極、六角、万木、葛岡、鏡（加賀美、加賀見）、大原、近江、高嶋（高島）、平井、横山、田中、朽木、長田、松下、西条、鳥山、桐谷、佐渡、黒田、高谷、岩山、鞍智、甲良、馬淵、長江、堀部、青地、佐保、伊佐、山中。

次男経高も、多数の所領を与えられた上に、阿波・淡路・土佐三国の守護にも任じられた。しかし承久三年（一二二一）ノ乱に京都側だったので、敗戦後に自刃して果てたので、子孫は振るわなかった。

三男盛綱も多くの所領の上に、越後守護にも任じられて、上野磯部郷（安中町磯部）に住んだ。この系統の苗字には、磯部、加地、倉田、東郷、飽浦などがある。のちの東郷平八郎は、この末だという。四男高綱も、長門守護に任じられた。この系統の苗字に、野木（乃木）がある。のちの乃木希典は、この末だという。

また、異母弟義清は、承久ノ乱後に隠岐守護に任じられた。この系統の苗字には、隠岐、出雲、塩谷（塩屋）、高屋、吉田などがある。忠臣蔵で有名な塩谷高貞は、その末である。

八　醍醐源氏

醍醐（六〇）―克明親王―博雅
　　　　　　　　　　　―清雅
　　　　　　　　　　　―正雅

- 助雅
- 保明親王
  - 慶頼王
- 代明親王
  - 重光
  - 保光
  - 延光
- 重明親王
  - 邦正
  - 行正
  - 信正
- 常明親王
  - 茂親王
    - 勝珍
- 式明親王
  - 親頼
  - 親繁王
- 有明親王
  - 忠清
  - 正清
  - 泰清
  - 守清
- 時明親王

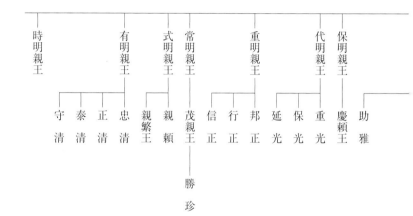

- 長明親王
- 雅明親王
- (六一)朱雀天皇
- 行明親王——重熙
- 章明親王
- (六二)村上天皇
- 盛明親王——斯忠王
  - 則忠
  - 教忠
- 兼明親王——伊陟
- 高明
- 自明
- 允明
- 為明

第六十代醍醐天皇は、平安時代にあっては異色の天皇だった。寛平九年(八九七)七月三日から延長八年(九三〇)九月二十二日まで、実に三十三年間も在位したというのが、その異色さの一である。

十三歳という若さで即位したにもかかわらず、ついに摂政を置かなかった。それどころか三十三年に及ぶ治世の間、ついに摂政・関白を置くことなく、最後まで天皇親政を貫き通したことも、異色ということの一つである。

その治世の時期の主要な元号をとって、醍醐天皇の治世は、「延喜ノ治」と呼ばれる。きわめて平和だったので、『倭名類聚抄』、『延喜式』、『三代実録』、『古今和歌集』など、文化の華が咲き誇っている。

〝醍醐天皇の治世が平和だったのは、天皇親政だったからだ〟

のち、このように誤解して、みずからも天皇親政を布こうとした後醍醐天皇は、在世中に「後醍醐」という称号を、自分で決めている。

しかし実は、醍醐天皇の施政のすべては、父宇多法皇の監督の下にあった。法皇の干渉から逃れようとした醍醐天皇は、基経の子藤原時平や仁明源氏の源光を積極的に用いようとした。これに対抗した宇多法皇は、時平の弟藤原忠平や菅原道真を重用した。

こうして醍醐朝の三十三年間は、宇多・醍醐の父子間、藤原時平・忠平の兄弟間および菅原道真対源光の間で、激烈な暗闘が展開されていたのである。

十三歳で醍醐天皇が即位したとき、時平と道真の二人が内覧になった。翌年の昌泰二年（八九九）二月には、時平は左大臣、道真は右大臣となった。微妙なまでのバランスが、まだ辛うじて保たれていた。

そして延喜元年（九〇一）正月、時平がクーデタを敢行した。菅原道真が大宰権帥に貶され、二年後に博多で死んだのである。後任の右大臣には、醍醐天皇方の源光が就任した。

この時点では、醍醐―時平方が優勢だった。ところが延喜九年四月、時平が三十九歳で死んだ。続いて同十三年三月、源光が不審な死を遂げた。狩りに出て泥沼に落ち、遺骸も見付からなかったという。後任の右大臣には、藤原忠平が就任した。

この時点で、宇多―忠平側が、圧倒的に優勢となった。このとき、効果的な追い討ちを図ったのは、忠平だった。

「怨みを含んで果てた菅原道真の怨霊が出る」

このような風評を、廟堂に流したのである。

さきに時平が死に、続いて源光も死んでいた。さらに皇太子の保明親王も、延喜二十三年に死んだ。そして二年後の延長三年（九二五）、皇太子に立てられていた故保明親王の子慶頼王が死んだ。相次ぐ味方の死を眼前にして、醍醐天皇は風評を信じた。

そして延長八年六月二十六日、最後の衝撃が醍醐天皇を襲った。大きな落雷が内裏を直撃して、大納言の藤原清貫、右中弁の平希世、右兵衛佐の美努《みぬの》忠包らが死んだのである。みな醍醐天皇の側近だった。

半狂乱になった醍醐天皇は、やがて病床に臥すことになった。そして九月二十二日、弟寛明親王（朱雀天皇）に譲位して、同二十九日に死んだ。

結局、三十三年間の暗闘で勝利を収めたのは、宇多—忠平側だった。以降、藤原摂関家の本流は、兄時平流から去って、弟の忠平流に移った。寛明親王が即位して第六十一代朱雀天皇になると、同時に忠平が摂政に就任した。

息子との暗闘につかれ果てたのか、勝利を収めた宇多法皇も、永くはなかった。直後の承平元年（九三一）、六十五歳で死んだのである。

また醍醐天皇の跡を嗣立した第六十一代朱雀天皇も、果敢《はか》ない生涯だった。あまりにも病弱に過ぎて、ときに起こった将門・純友ノ乱の処置も、摂政の藤原忠平にすべてを任せきっていたのである。

ちなみに将門・純友ノ乱にさいして、清和源氏初代の源経基がとった態度は、先述してある。ある意味では将門ノ乱は、清和源氏興隆の基礎をなしたのである。

一方、八歳で即位した朱雀天皇は、二十四歳で弟成明親王（村上天皇）に譲位している。御子が内親王ただ一人しか生まれなかったからだった。

いずれにしても醍醐天皇の治世三十三年間は、父との暗闘で終始したものだった。しかし御子は男子だけでも二十人と、きわめて多かった。

そのうち二人はやがて皇位につき、四人は親王世代で臣籍降下した。残る十四人の親王の系統も、やがて孫王あるいは曾孫王の世代で臣籍降下した。みな源姓賜与だったので、一様に醍醐源氏という。数多い醍醐源氏諸流の場合も、臣籍降下した世代が早ければ早いほど、やはり有利だった。醍醐天皇の十七男の身で臣籍降下した源高明は、のち左大臣にまで昇っている。『西宮記』の著者としても知られ、一時は忠平の子の関白藤原実頼の地位をも脅やかし兼ねないまでになっている。

このとき立ったのが、清和源氏二代目の源満仲だった。

「左大臣源高明と藤原千晴ら、皇太子守平親王を廃立せんとの陰謀あり」

と、訴えて出たのである。やがて高明・千晴らは、流罪にされた。安和二年（九六九）ノ変である。

安和ノ変にさいしての満仲の行動は、見事なまでに巧妙だった。関白藤原実頼の政敵源高明を葬り去ることによって、藤原摂関家に大きな貸しをしたのである。だいたい多くの臣籍降下系氏族が二代目か三代目で消えて行ったとき、清和源氏の二代目の満仲より以降、さらに発展して行ったのは、ここに大きな原因があった。

また高明だけを訴えて出たのではなく、あわせて藤原千晴も訴えて出たところに、満仲の巧妙さがあった。かつて将門を討ち取った藤原秀郷の子千晴は、東国に勢力を扶植しようとしていた満仲にとって、大きな障害になっていたのである。満仲は主君藤原実頼の政敵高明を葬り去るのと同時に、自分自身の競争相手の千晴をも葬り去ったのである。

このような情況で大宰府に配流された高明の曾孫に、有名な鳥羽僧正覚猷が生まれる。世の中を斜めに見る癖が付いていたらしく、天台座主の身でありながら描いた『鳥獣戯画』は、人間の動きがみな動物のかたちになっている。

その安和ノ変が起こるより以前の応和元年（九六一）五月十日の夜、京都にあった満仲の館に事件が起こった。群盗が押し入ったのである。

すでに武士化していた満仲たちである。激しく抵抗したので、多くの群盗はなにも取らずに逃げ去った。しかし一人だけが、満仲の矢にあたって生け捕られ、その正体が判明した。なんと醍醐天皇の第六皇子の式明親王の次男親繁王だったと、『扶桑略記』に記されている。

親王世代で臣籍降下した高明は、左大臣にまで昇ったが、最後は疑獄事件で大宰権帥に貶された。孫王世代でまだ臣籍降下していなかった親繁王は、王号を称している身分でありながら、生活のために群盗になり下がった。

摂関政治が確立されてくる情況下では、清和源氏の源満仲のように摂関家に臣従してその爪牙になるか、親繁王のように群盗のうちに身を投ずるか、いずれかの途しかなかったのである。

なお、醍醐源氏諸流の苗字には、岡本、朱雀、横川、桃園、三木などがある。

九　村上源氏

- (六二)村上天皇
  - 広平親王
  - (六三)冷泉天皇
  - 致平親王
    - 成信
    - 致信
  - 為平親王
    - 憲定
    - 頼定
    - 為定
    - 顕定
    - 教定
    - 実定
    - 敦定
  - (六四)円融天皇

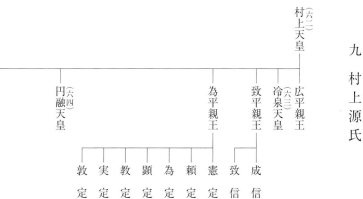

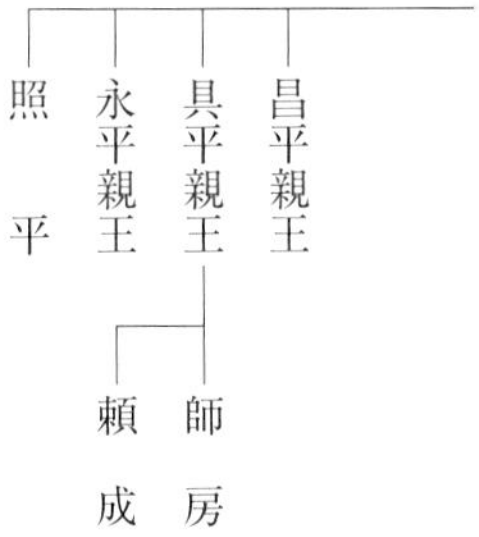

第六十二代村上天皇の在位は、天慶九年（九四六）四月二十日から、康保四年（九六七）五月二十五日まで。つまり二十一歳で即位して、四十三歳で死ぬまでの二十二年間だった。

最初の三年間は、藤原忠平が関白だった。しかし天暦三年（九四九）八月に忠平が死ぬと、以降の十九年間、摂関および太政大臣は置かれなかった。よく治まっていたというので、世に「天暦ノ治」という。

つまりは、天皇親政だった。しかも左右の両大臣は、忠平の息子の藤原実頼・師輔兄弟だった。そして師輔の娘藤原安子が中宮だったから、摂関政治へと流れる傾向は、きわめて強力だった。

この傾向に必死に抵抗したのが、村上天皇だった。皇太子の憲平親王の妃に、兄朱雀天皇の娘の昌子内親王を迎え、次期皇太子と目されていた為平親王の妃には、異母兄源高明の娘を迎えたのも、その必死の抵抗の表れだった。藤原摂関家の血を、これ以上は皇統に入れまいと務めたのである。

村上天皇の皇子九人のうち、親王世代で臣籍降下したのは、末子の源照平ただ一人だった。ここにも、村上天皇の意思が働いていた。

やがて孫王世代で臣籍降下が行われて、結局、十二流の村上源氏が成立した。いずれの系統にも、村上天皇の意思が、やや変形して伝えられた。飽くまでも廟堂に留まって、天皇家を補佐しようとしたのである。

この〝天皇家の藩屏であり続けよう〟という意識がもっとも強烈だったのは、六男具平親王の系統だった。その長男の師房は、摂関政治最盛期の藤原道長の娘と結婚して、ついに太政大臣にまで昇っている。

さらに師房は、道長の子藤原頼通の猶子《ゆうし》にまでなって、家運の維持と発展を図った。このような師房の態度は、やがて師房の子および孫の代に効を表した。白河院政が開始されると、〝天皇家の藩屏〟の具平親王流村上源氏が、いっきに廟堂に躍り出たのである。

そして白河院政最盛期の康和四年（一一〇二）六月二十三日、師房の孫の源顕雅が、参議に登用された。この日、中御門流の藤原宗忠は、日記の『中右記』に次のように記した。

　近代、公卿は二十四人。うち源氏の人は、なかばを過ぐるか。いまだかつて、かくの如きのことあらず。

『公卿補任』などに徴すると、ほぼ事実だった。天皇の諮問に与《あずか》る参議以上の公卿は二十四人。うち十二人が源氏だったのである。

そのうち醍醐源氏の三人と宇多源氏の一人を除くと、なんと村上源氏だけで八人。すでに公卿総数の三分の一を占めていた（左の系図で**太字**の者）。

なお、藤原氏の人数は十二人で、公卿総数の半分だった。追われる立場になった藤原氏の慨嘆が、前述の宗忠の日記に窺われる。

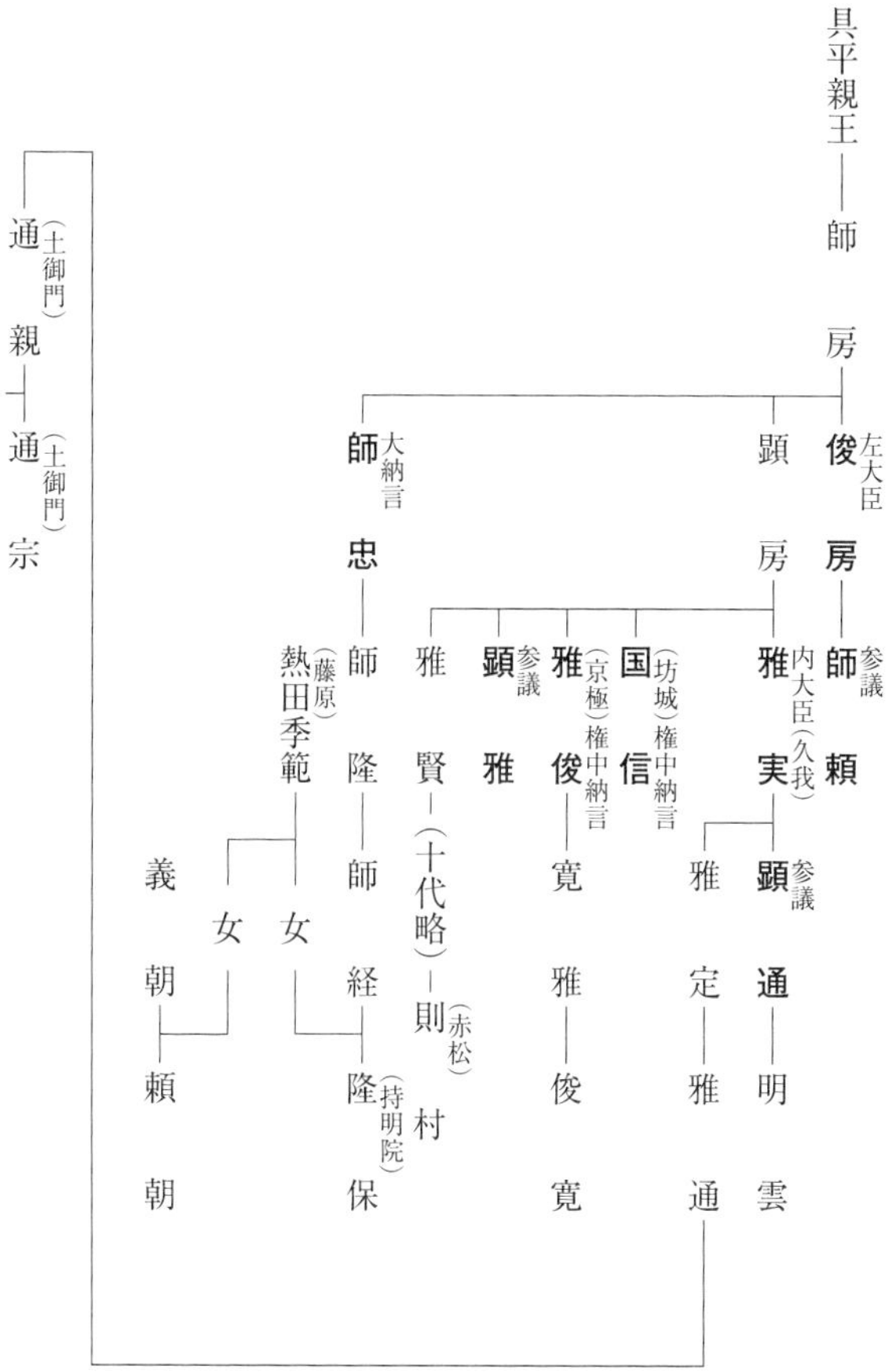

(堀川)通具
(久我)通光―通有―有房―有忠―(千種)忠顕
(中院)通方―(北畠)雅家―師親―師重―親房―顕家
　　　　　　　　　　└師行―具行
通行―通持―通尚
定通―顕親

このような情況は、中世に入っても基本的には続いた。もちろん藤原摂関家は、ついに廟堂第一位の位置を失わなかった。しかし具平流村上源氏は、つねに廟堂第二位の位置を堅持し続けたのである。そして村上源氏の血統には、〝天皇家の藩屏〟という意識が強烈に流れていた。それが中世の歴史に、さまざまの曲折をもたらすことになる。

治承元年（一一七七）五月、村上源氏の京極流源雅俊の孫俊寛僧都は、後白河法皇の近臣たちを京都東山鹿ヶ谷《ししがだに》の山荘に集め、日夜に謀議をこらした。しだいに強力になる平清盛の専制化を眼前にして、平氏打倒の陰謀を推進していたのである。

しかし、陰謀は事前に露顕し、俊寛は鬼界ヶ島に配流された。同三年三月二七日、みずから食を断った俊寛は、三十七歳で死んだ。

仁安二年（一一六七）二月、村上源氏の久我《こが》雅実の孫明雲《みよううん》僧正は、比叡山延暦寺の天台座主《ざす》に就任した。直後、比叡山にも勢力を及ぼそうと図った平清盛が、明雲を仏教上の師と仰いで接近してきた。しかし表面上はともかくとして、明雲の内心は後白河法皇の藩屏だった。やがて平氏が都落ちしたが、明雲は京都に留まっていた。

寿永二年（一一八三）十一月十九日、後白河法皇の居所法住寺殿を、木曾義仲勢が猛襲した。僧の身ではあったものの、明雲は法住寺殿を守ろうとして、流れ矢にあたって死んだ。六十九歳だった。

平氏が滅び、頼朝の奥州藤原氏征伐も終わると、鎌倉幕府の勢力は、まさに京都朝廷を制圧せんばかりとなった。このとき立ったのが、村上源氏の久我雅定の孫土御門通親だった。建久七年（一一九六）十一月、クーデタを敢行して親幕派の関白九条流藤原兼実、その弟天台座主慈円などを追却し、やがて京都政界を反幕派で固めたのである。

そして鎌倉時代の最末期、鎌倉幕府打倒の大陰謀を図る後醍醐天皇の側近には、土御門通親の子孫が集中していた。千種忠顕、北畠親房・顕家父子、そして源具行である。さらに大塔宮護良親王の檄に応じた武士のうちに、村上源氏雅賢流の播磨武士の赤松則村もあった。

村上源氏諸流の苗字には、三井、岩蔵（岩倉）、千種《ちぐさ》、土御門、堀川、小野宮、鈴鹿、伏見、六条、中院、壬生《みぶ》、持明院、久我、唐橋、亀谷、愛宕《あたご》、久世、坊門、小坪、三条、北畠、大河内、三木（参木）、京極、坊城、楊梅《やまもも》、猪熊《いのくま》、赤松、山田がある。

村上源氏のうち、やや特異なのは、土御門通親の孫基俊である。『尊卑分脈』には「鎌倉に住した」

とあり、「亀谷」と名乗ったのである。

また、通親の曾孫坊門流通尚も、ややかわっている。これも「関東に住して」、「小坪三位」と名乗ったのである。これは祖父通行が、北条政子の妹と稲毛重成との間に生まれた娘を妻にしたからかも知れない。

通親の子定通も、やや異色だった。北条義時の娘と結婚して、源顕親を儲けたのである。

十　冷泉源氏

天暦四年（九五〇）の初春、広平親王が生まれた。村上天皇の第一皇子である。当然、次代の天皇たるべく、皇太子に立てられるものと思われた。

生母祐子の父藤原元方は、狂喜した。やがて広平親王が即位すれば、元方は天皇の外祖父ということになる。いまは落ち目の藤原南家の出であるが、摂政・関白も夢ではない。

南家藤原元方——祐　子
　　　　　　　　　├——広平親王
　　　　　　村上天皇
　　　　　　　　　├——憲平親王
北家藤原師輔——安　子

ところが直後の同年五月二十四日、青天に霹靂が轟いた。左大臣である北家藤原師輔の娘安子が、村上天皇の第二皇子の憲平親王を生んだのである。

続いて三ヶ月後の同年七月二十三日、またも霹靂が鳴り響いた。第一皇子の広平親王をさしおいて、第二皇子の憲平親王が、次代の天皇たるべき皇太子に立てられたのである。

理由は、あまりにも明瞭だった。憲平親王の外祖父の兄藤原実頼は、いまをときめく藤原北家摂関家流の当主で、摂関・太政大臣が空席の今、廟堂の首班たる左大臣になっている。

これに対して広平親王の外祖父藤原元方は、藤原姓ではあるが今は落ち目の南家の出身で、すでに老境に入っていながら、従三位の中納言でしかなかったのである。

それから三年後、元方は死んだ。なんとか正三位の大納言にはなっていたが、それだけのことだった。一度は狂喜しただけに、落胆は深く、怨みは大きかった。やがて世間では、元方が怨霊になったと、噂するようになった。

やがて憲平親王の行動に、異常が見られるようになった。一日中、鞠《まり》を蹴って天井の梁に乗せようとしたり、清涼殿近くの番小屋の屋根に坐ってみたり、父村上天皇に出す手紙に男根の絵を描いたりしたのである。

やがて即位はしたが、異常は治まらなかった。元方の怨霊の故に、狂気になったと思われた。在位は十八歳から二十歳までの三年間。四男三女に恵まれ、のちに天皇になった二人を除くと、男系二流は臣籍降下して冷泉源氏となった。しかし父帝の狂気の故か、それを名乗る子孫は現れなかった。

（六三）冷泉 ─┬─（六五）花山天皇
　　　　　　├─（六七）三条天皇
　　　　　　├─為尊親王
　　　　　　└─敦道親王

冷泉天皇が病気だったので、藤原実頼が関白になった。故村上天皇の反摂関政治という素志は、結局、破れたのである。そして冷泉天皇の在位の時期に、安和ノ変が起こって醍醐源氏の高明が配流され、皮肉にも摂関政治は一段と強化されていった。

十一　花山源氏

冷泉天皇の後を承《う》けた第六十四代円融天皇の治世十五年間は、藤原摂関家内部の対立抗争で終始した。これに翻弄されてつかれ果てた円融天皇は、早くして死んだ。だから皇子は懐仁《かねひと》親王（のち一条天皇）ただ一人だったので、いわゆる円融源氏は成立しなかった。

その円融天皇の譲りで即位した第六十五代花山天皇は、故藤原師輔の九男為光の娘忯子《しし》への熱愛ぶりで、史上に有名である。

その忯子が懐妊三ヶ月と判ったのは、寛和元年（九八五）の初頭だった。ただちに宿下がりを願い出たが勅許はなく、再三再四の願い出で勅許が出たときには、すでに懐妊五ヶ月になっていた。ようやく宿下がりできたものの、それからが大変だった。天皇の御見舞いの使者が、夜昼の区別なく為光邸に差遣されたのである。

それどころか数日たつと、忯子に逢いたくなった天皇から、

「ただ宵の程のみでも」

参内すべしという命令が下された。

止むを得ず忯子の父親為光は、

「二、三日だけ」

という条件で、忯子を参内させた。

久し振りに忯子に逢った天皇は、大喜びだった。食事の間も惜しんで、忯子の傍に臥し続けたのである。そして「二、三日だけ」という約束は守られず、為光の必死の願いで、ようやく八日目になって、再度の宿下がりができたという。

天皇の執心ともいうべき熱愛が、結局は不幸を招くことになった。同年七月十八日の未ノ刻（午後二時）、懐妊八ヶ月の忯子は、十七歳の若さで死んだのである。

直後の天皇の悲嘆は、見るも哀れなほどだった。廟堂の高官たちも喪に服したので、恒例の儀式なども、みな取り止めになった。やがて世上では、天皇が厭世のあまり、出家するのではと、噂するようになった。

ここにほくそえんだのは、藤原兼家だった。前帝円融天皇の治世十五年の間、兄兼通、従兄弟の藤原頼忠と必死に争ってきながら、まだ正二位の右大臣だった。そして今、待望の摂関の地位は、眼前にあった。

寛和二年六月二十三日の未明、兼家の嫡男通兼に欺かれた天皇は、内裏を脱出して山科の元慶寺（花山寺）に出奔、その場で出家退位した。そのとき途中の路次の警固を、すでに摂関家の爪牙になっていた清和源氏の満仲が、手兵を率いて行ったという。

いずれにしても直後、前帝円融天皇の皇子の懐仁親王が即位した。第六十六代一条天皇である。生母が兼家の娘詮子だったから、ただちに兼家が摂政に就任した。世に「花山天皇退位事件」というのが、これである。結局、花山天皇の在位は、わずか一年十ヶ月でしかなかった。

花山天皇には、四人の皇子があった。いずれも天皇の出家退位後に生まれたらしい。

次男昭登親王の一子良保は出家し、三男深観、四男覚源ともに出家したので、花山天皇の系統として続いたのは、長男清仁親王の系統だけだったことになる。

花山（六五）
- 清仁親王 ― 康資王（延信王） ― 顕康 ― 顕広王 ― 仲資王
  - 資家王
  - 業資王
    - 資行王
    - 資兼王
    - 資光王 ― 資邦王 ― 業顕王
- 昭登親王 ― 良深
- 深観
- 覚源

二十一流ある源氏のなかでも、花山源氏はやや異色だった。花山天皇の系統で最初に源姓を名乗ったのは曾孫の顕康だったが、その源姓呼称は賜姓されたものではなく、彼が村上源氏の右大臣源顕房の養子になったからだった。

また、花山天皇の嫡孫康資王が王号呼称を許されていたのも、臣籍降下する前の孫王だったからというのではなかった。太政官に併称される神祇官の長となり、神祇伯になったからだった。

そして顕康一人を置いて、康資王の孫顕広王の代には、また王号が許されている。これも顕広王が神祇伯になったからで、以降の代々は、みな神祇伯となって、王号が許されている。

このように、この系統は、神祇伯を世襲して、世に「伯家」と呼ばれることになる。また京都の東郊白河に居を構えたこともあって、「白川」を家名にした。「白河」ではなく「白川」だったのは、白河法皇などの呼び名を避けたものらしい。

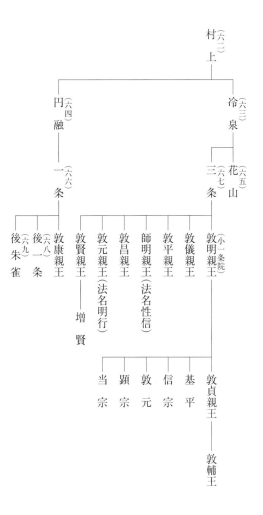

十二　三条源氏

- 村上（六二）
  - 冷泉（六三）
    - 花山（六五）
    - 三条（六七）
      - 敦明親王（小一条院）
        - 敦貞親王――敦輔王
        - 基平
        - 信宗
        - 敦元
        - 顕宗
        - 当宗
      - 敦儀親王
      - 敦平親王
      - 師明親王（法名性信）
      - 敦昌親王
      - 敦元親王（法名明行）
      - 敦賢親王――増賢
  - 円融（六四）
    - 一条（六六）
      - 敦康親王
      - 後一条（六八）
      - 後朱雀（六九）

花山天皇の跡を嗣立した第六十六代一条天皇には、皇子は三人あった。しかし第一皇子の敦康親王は早世して子孫は残さず、第二皇子の敦成親王は即位して後一条天皇となり、第三皇子の敦良親王も後朱雀天皇になったので、いわゆる一条源氏というのは成立しなかった。

そして寛弘八年（一〇一一）六月十三日、一条天皇は病気になったので、冷泉天皇の第二皇子の居貞親王に譲位した。第六十七代三条天皇である。

三条天皇の生母超子は、時の権力者藤原道長の妹だった。しかし道長と三条天皇とは、本質的に反りが合わなかったらしい。即位したときに天皇は三十六歳だったから、道長の言うがままには動くべくもない。こうして三条天皇は、在位わずか六年で退位している。

三条天皇には、七人の皇子があった。そのうちの三人は、本人または孫王の代で出家し、残りの三人も孫王はなかった。だから三条天皇の系統で問題になるのは、第一皇子の敦明親王のみということになる。

ちなみにこの時代、皇統は一系ではない。村上天皇の第二皇子だった冷泉天皇の系統と、第五皇子の円融天皇の系統とが、交互に即位することになっていた。もちろん、反藤原氏の村上天皇の遺志が、働いていた。

だから長和五年（一〇一六）正月二十九日、在位わずか六年で冷泉系の三条天皇が退位すると、すぐに円融系の後一条天皇が即位し、同時にそのまた後任の天皇予定者として、冷泉系の敦明親王が皇太子に立った。

これが時の権力者、藤原道長の気にさわった。だいたい三条天皇を嫌っていた道長である。その皇子である敦明親王も、道長の気に入るはずはなかった。しかも敦明親王の生母は、道長との間に血縁関係はない。

こうして敦明親王の立太子と同時に、親王に対して、道長は圧迫を加え始めた。その圧迫は執拗で、きわめて陰湿をきわめていた。

そして翌年の寛仁元年（一〇一七）五月九日、三条法皇が四十二歳で死んだ。唯一の味方だった父帝を失って、ついに敦明親王の抵抗は潰《つい》えた。

同八月九日、敦明親王は自分から申し出て、皇太子の地位から退いた。直後、かわって円融系の敦良親王が、待っていたかのように皇太子に立った。のちの後朱雀天皇である。その生母藤原彰子は、道長の娘だった。

ちなみに、これより以降、冷泉系で皇位に即く者は、ついに現れなくなる。皇統は円融系で一系となったのである。

敦明親王が皇位を断念すると、直後、意外なことが起こった。まるで掌を一転させたかのように、道長の敦明親王に対する態度が、きわめて友好的になったのである。

直後の同月二十五日、敦明親王は前天皇という格に準ぜられて、小一条院という尊号が与えられた。続いて封戸、年官、年爵、勅旨田などが、続々と支給された。

政治的には無能力とはなったが、経済的には親王は、きわめて裕福になったのである。親王に対する道長からの謝礼だったかも知れない。

敦明親王が前天皇という格に準じられたので、その嫡男敦貞親王は、二代続いての親王号が許された。だからそのまた嫡男敦輔王も、また王号が許されている。

しかし敦輔親王が王号でいられたのは、前天皇という格の敦明親王の孫だったからというだけではなかった。花山源氏と張り合うかのように、神祇伯になったからだった。

以降の直系も、王号が許されていた。いずれも内膳正あるいは正親正だった。この系統の苗字には、錦織、石上などがある。

なお、道長に圧迫されて非力となった小一条院敦明親王に、清和源氏の頼信・頼義父子が仕えたということは、案外に知られてはいない。いわば日陰の身の小一条院に近侍したという点に、頼信・頼義父子の俠気を感ずるのである。

十三　後三条源氏

第五十五代文徳天皇から第七十代後冷泉天皇にいたるまで、一人を例外として歴代天皇の生母は、みな藤原摂関家の出であった。

この間、生母が摂関家の出でなかった唯一の例外は、第五十九代宇多天皇だった。第五十代桓武天皇の皇子仲野親王の娘班子女王が、生母だったのである。

この宇多天皇との交渉に、ときの関白藤原基経が手を焼いたことは、先述してある。宇多天皇は基経よりも、菅原道真を重用したのである。だから藤原摂関家には、生母が摂関家の出ではない天皇が出現するのは、きわめて厄介と思われていたに違いない。

ところが治暦四年（一〇六八）四月十九日、その厄介な天皇が登場した。第七十一代後三条天皇である。その生母は、第六十七代三条天皇の皇女禎子内親王だった。

さらに厄介だったのは、後三条天皇が英邁で、しかも行動力に富んでいたことである。即位の翌年には荘園整理令を発し、続いて記録所を創設している。藤原摂関家の経済的基盤である荘園を収公して、天皇家領である公領の復元を狙ったことは、まさに明らかだった。

このとき摂関家を守ったのは、後三条天皇が天皇だったということだった。法律、規則、儀式、行儀、作法、とくに先例などという制約が、天皇としての後三条天皇の行動を、雁字搦めにしていたのである。

やがて天皇も、このことに気が付いた。天皇であり続ける限り、政務の実権回復は難しい。〝ならば〟ということで退位したのは、延久四年（一〇七二）十二月八日だった。在位わずか四年であった。

前天皇（院）という身分になることによって、現天皇だったら受けねばならない制約をかなぐり捨てて、思うがままの廟堂改革を実行するつもりだったらしい。直後に院ノ蔵人所を設置したのは、その明らかな証左である。

ことが順調に進めば、このとき、日本の歴史は、大きく変わったかも知れない。すくなくとも藤原摂関家の命脈も、大きく左右されたかも知れなかった。

しかし、好事魔多しだった。翌五年五月七日、四十歳で後三条法皇は死んだ。退位から死までは、約半年間だった。この期間を後三条院政と見るか否か、まだ研究者は揺れている。

後三条天皇の第一皇子の貞仁親王は、父帝から譲位されて白河天皇となった。いわゆる院政を確固とした白河院政は、この天皇の業績である。

(七一)後三条
- (七二)白河天皇
- 実仁親王
- 輔仁親王
  - 有仁――良仁(――(天野)遠景)
  - 信証
  - 仁操
  - 行恵

第二皇子の実仁親王は十五歳で死んだので、子孫はいない。また第三皇子の輔仁親王の御子四人のうち、末三人は僧になったので、この系統も断絶している。

こうして子孫が後三条源氏となったのは、輔仁親王の嫡男有仁王の系統のみということになる。有仁王が臣籍降下したのは、元永二年（一一一九）八月十四日だったと、『中右記』や『長秋記』に見えている。

ところが源有仁より以降の後三条源氏については、一書を除くと、まったく記述がない。その一書というのが『系図纂要』で、これは江戸末期に編纂されたものだから、きわめて心許《もと》ない。いずれにして『系図纂要』の別巻「後三条源氏」の項に、「源有仁―良仁―遠景」とあり、その遠景の項に次のように記されている。

実は式部《（足利）》大輔義国朝臣の六男、本名は義景、久寿二年（一一五五）安達《（足立）》判官遠基《（遠元）》の猶子となり、藤原に改姓して遠景と名乗る。仁安三年（一一六八）、良仁公の天野御所を相続して、日月ノ旗と菊桐ノ紋を用う。

源平合戦の頃、頼朝の御家人だった天野藤内遠景は、もともとは清和源氏の足利義国の六男だったが、義朝・頼朝の二代に仕えた足立遠元の養子になって藤原姓になったが、一方では「源良仁の天野御所を相続」し、皇系だということで、錦ノ御旗を用いたというのである。

年代的には合わなくもないが、とうてい信じられない。なお、遠景の子孫が「毛利」と名乗ったとも同書にあるので、この『系図纂要』を信ずるとすれば、後三条源氏の苗字には、天野と毛利があったことになるが、やはり信じ難い。

十四　後白河源氏

賜姓源氏を行った最初の天皇である第五十二代嵯峨天皇から以降の歴代を順に列挙し、そのうち〝〜源氏〟を生んだ天皇には、とくに〇印を付けてみた。

(52)嵯峨　53淳和　(54)仁明　(55)文徳　(56)清和　(57)陽成　(58)光孝　(59)宇多　(60)醍醐
61朱雀　(62)村上　(63)冷泉　64円融　(65)花山　66一条　(67)三条　68後一条　69後朱雀
70後冷泉　(71)後三条　72白河　73堀河　74鳥羽　75崇徳　76近衛　(77)後白河　78二条
79六条　80高倉　81安徳　82後鳥羽　83土御門　(84)順徳　85仲恭　86後堀河　87四条
(88)後嵯峨　(89)後深草　(90)亀山　91後宇多　92伏見　93後伏見　(94)後二条　95花園　(96)後醍醐
97後村上　98長慶　99後亀山　100後小松　101称光　102後花園　103後土御門　104後柏原　105後奈良　(106)正親町　107後陽成　108後水尾　109明正

皇親の臣籍降下が多かったのは、明らかに嵯峨天皇から以降の十数代だった。これはまさに摂関政治への傾斜が強まり、やがて摂関政治が成立発展した時期に相当する。やや極言すれば、古代における臣籍降下は、摂関政治とともにあったと言えよう。

そして後一条、後朱雀、後冷泉と臣籍降下はなく、久し振りに後三条源氏が成立したのは、実に鳥羽天皇の治世の元永二年（一一一九）だった。

これは白河院政が開始されてから、すでに三十余年後のことだった。つまり臣籍降下が減少したのは、摂関政治が終わって院政が開始されたからであると、極言できるかも知れない。

先述してあるが、嵯峨天皇が多数の皇親を臣籍降下させたのは、皇室財政が逼迫したからだった。そして皇室財政逼迫の原因は、藤原氏などの私領である荘園が増大して、皇室の財政基盤だった公領が減少したからだった。

そして今、院政が開始されると、臣籍降下が減少した。ならば院政開始とともに皇室財政が潤沢になり、臣籍降下の必要がなくなったということだろうか。

そう、半分は、その通りだった。

白河院政は財政基盤を、公領から荘園に転換して、積極的に院領荘園の集積を図ったのである。同時に荘園整理令を頻発するなど、藤原摂関家領の没収に努めたことも、注目される。

もちろん没収された旧摂関家領は、院領荘園にされた。こうして皇室財政が再建されて潤沢になると、皇親を臣籍降下させる必要もなくなり、結果的に臣籍降下が減少したのである。

ここに哀れをとどめたのは、藤原摂関家だった。かなり多くの家領荘園を失ったのである。藤原忠実が散在していた所領を一括して殿下渡領とし、これを自分の後継者のみに相続させるとしたのも、院政側の抑圧への対応だった。

いずれにしても藤原摂関家は、昔日の勢威を失った。古くからの名門として廟堂には列《れ》っしており、慣例に従って摂政あるいは関白などの地位は独占していた。しかし政務の実権が村上源氏など白河院側近に握られたりしたことは、先述してある。

藤原摂関家の勢力失墜に伴って、これまた哀れをとどめたのは、清和源氏だった。摂関家の爪牙として勢力を伸張させてきた清和源氏に対して、「白河院政の黒い手」が伸びたのである。

後三年ノ役後、八幡太郎義家には行賞はなかった。義家に対する所領寄進は、全面的に禁止された。義家の嫡子義親は、康和ノ乱の首謀者とされて追討され、その跡を嗣いだ義忠は暗殺され、その黒幕とされた賀茂次郎義綱一家は族滅させられた。

清和源氏が勢いを失ったのに対し、反対にのし上がって行ったのが、桓武平氏だった。院領荘園の集積を図っていた白河院に対して、永長二年（一〇九七）、平正盛が伊賀国鞆田村などを寄進したのが、その契機となった。以降、清和源氏は凋落し、桓武平氏が発展して行く。

いずれにしても院政が院領荘園の集積を図ったので、皇室財政は再建されて潤沢になり、ひいては皇親の臣籍降下も減少した。しかし、院政が開始されると、臣籍降下が減少したのは、それだけの理由ではなかった。

多数の皇親に生計の途を与える方法が、あらたに案出されたのである。洛中ならびに京都周辺の大寺院に、皇親を門跡として送り込むという方法だった。

洛中と周辺の大寺院には、それぞれ広大な寺領荘園があるから、門跡として送り込まれた皇親が、喰って行けないということはない。また皇親を送り込まれた寺院としても、これを名誉のこととして歓迎するから、問題は生じない。さらに門跡ということになれば僧侶になるわけだから、肉食妻帯はしないから子孫が生まれる心配もない。まさに一石三鳥の妙手であった。

このような方法を最初に採用したのは、第六十五代花山天皇だったかも知れない。四人の皇子のうち二人までが、仁和寺に送り込まれたのである。

第七十二代白河天皇も、この方法を活用した。八人の皇子のうち、六人までも寺に送り込んだのである。内訳は仁和寺が三人、三井寺が三人だった。

以降の歴代の天皇は、皇太子以外の皇子を続々と寺院に送り込んだ。皇親を門跡にして送り込まれた寺院も、仁和寺、三井寺のほかに、比叡山延暦寺の天台座主《ざす》も加わって行く。

こうして後三条源氏が成立してから以降の数十年間、皇親の臣籍降下と源姓賜与ということは、絶えて見られなくなった。この間、院政は白河・鳥羽と続き、やがて後白河法皇が院政を布いた。

その後白河院政下の治承四年（一一八〇）五月十五日、突然、皇親の臣籍降下と源姓賜与が行われた。もちろん皇室財政の逼迫は、その原因ではなかった。

後白河法皇の第二皇子の高倉宮以仁王が、いまを時めく平氏政権の打倒を図ったが、事前に露顕したのである。それと悟った以仁王は、風をくらって京都を脱出した。

しかし、平清盛の圧力下にあった廟堂で、以仁王の土佐配流ということが決定された。しかし皇親身分のままでの配流はまずいということで、以仁王は臣籍に降されて、源以光と改名させられたのである。

このとき、当の本人の以仁王は、京都を脱出して三井寺にいた。だから自分が臣籍降下させられて源以光となったことは、まったく与《あずか》り知らないことだった。いずれにしても、ここに後白河源氏が成立したことになる。

後白河源氏は成立するのも突然だったが、消滅するのも早かった。直後の同二十六日、三井寺から奈良の興福寺に向かう途中、宇治の平等院近くで平氏勢に追いつかれ、源以光は流れ矢にあたって死んだのである。ときに三十歳だった。

『源平盛衰記』には、

高倉宮ニハ、腹々ニ御子数多マシマシケリ

とある。異腹の御子たちが、多かったというのである。しかし、『本朝皇胤紹運録』には、男子は四人しか記されてはいない。いずれも事件露顕の直後、乳人たちに擁されて逃げ散ったらしい。

以仁王の長男は永万元年（一一六五）の生まれだから、事件が露顕したときは十五歳だった。父以仁王の乳人の讃岐前司重秀に連れられて京都を脱出し、北国に向かった。

そして折よく北国で挙兵した木曾義仲に拾われ、越中宮崎荘（朝日町宮崎）の土豪、宮崎太郎に預けられて育った。北陸道育ちということから、北陸宮と呼ばれた。

この北陸宮が史上に現れたのは、寿永二年（一一八三）六月だった。都落ちした平氏が安徳天皇を連れて行ってしまったので、京都を占領していた木曾義仲が、熱心に北陸宮を次代の天皇に推挙したのである。

しかし、後白河法皇が必死に反対して、夢見、卜筮《ぼくぜい》などさまざまの奸策を弄したので、ついに北陸宮は皇位には即けなかった。

源平合戦終結後の文治元年（一一八五）十一月、ようやく帰洛して嵯峨野依《のより》の今屋殿に住み、建久・正治の頃（一一九〇〜一二〇一）、源姓を賜わって臣籍降下することをしきりに願い出たが、ついに許されなかった。

結局、三井寺に入って権僧正となり、桜井僧正法円と名乗った。寛喜二年（一二三〇）七月八日、湯治に赴いた摂津国で、赤痢で死んだ。行年六十六歳。

以仁王の次男は書写宮真性。天台座主にもなって大僧正になったが、これも寛喜二年の六月十四日、六十四歳で死んだ。

三男安井宮道尊は、東寺長者、東大寺別当を経て、仁和寺の門跡となり、安貞二年（一二二八）八月五日、五十四歳で死んだ。四男仁誉については、三井寺の僧だったとしか判らない。

いずれにしても後白河源氏は、突然に成立したが、いずれも僧になったので、結局は断絶して続かなかった。

十五　順徳源氏

院政が開始されると皇室財政は潤沢となり、皇親を無理に臣籍降下させる必要がなくなった。また皇親を大寺院に門跡として送り込むという方法も案出されたので、ますます皇親の臣籍降下は減少して行く。

それでも皇親の臣籍降下は、まだまだ断続的に行われる。もちろん原因は、皇室財政の逼迫ではなかった。そのときそのときの特殊な情況が、皇親の臣籍降下を稀に起こさせたのである。

先述した後白河源氏の成立が、それだった。源平合戦冒頭の以仁王事件が契機となったのである。そして鎌倉幕府が成立した。

その鎌倉幕府を倒そうと図った後鳥羽上皇の執念は、やがて承久三年（一二二一）五月ノ乱となって発火した。結果は京都朝廷側の大敗北だった。

乱の張本だった後鳥羽上皇は隠岐へ、その第一皇子だった土御門上皇は土佐へ、第二皇子の順徳上皇は佐渡に、それぞれ配流された。そして順徳上皇の第一皇子の第八十五代仲恭天皇は、廃帝とされた。

後鳥羽上皇の御子六条宮雅成親王は但馬に、冷泉宮頼仁親王は備前に、それぞれ配流された。残り十人の皇子のうち、三人は仁和寺に、四人は三井寺に、三人は延暦寺に、それぞれ入って僧となった。土御門上皇の皇子たちのうち、一人は仁和寺、四人は三井寺、そして四人が延暦寺に入った。仲恭天皇には、内親王一人しかいなかった。

乱後の鎌倉幕府の処置は峻烈をきわめたが、何故か順徳上皇の系統に対してだけは、処分は甘かった。五人の皇子のうち二人だけは僧とされ、延暦寺と三井寺に入ったが、三人はそのまま俗躰が許されていたのである。

しかし、俗躰が許されていた三人の系統も、やがては臣籍降下して順徳源氏となっている。それにしても臣籍降下した時期が、きわめて遅かった。

順徳上皇から四代目の忠房王が臣籍降下したのは、鎌倉末期の文保三年（一三一九）二月十八日。そして善成王の臣籍降下は、実に南北朝内乱期の文和五年（一三五六）正月六日だったのである。

結局、順徳源氏は、忠房流と善成流の二流が成立したことになる。しかしいずれも、その系統は不明である。この系統の苗字には、岩蔵（岩倉）、四辻だけが知られている。

（八四）順徳 ― （八五）仲恭 ― 義子
　　　　　　 ― 忠成王 ― 加々王

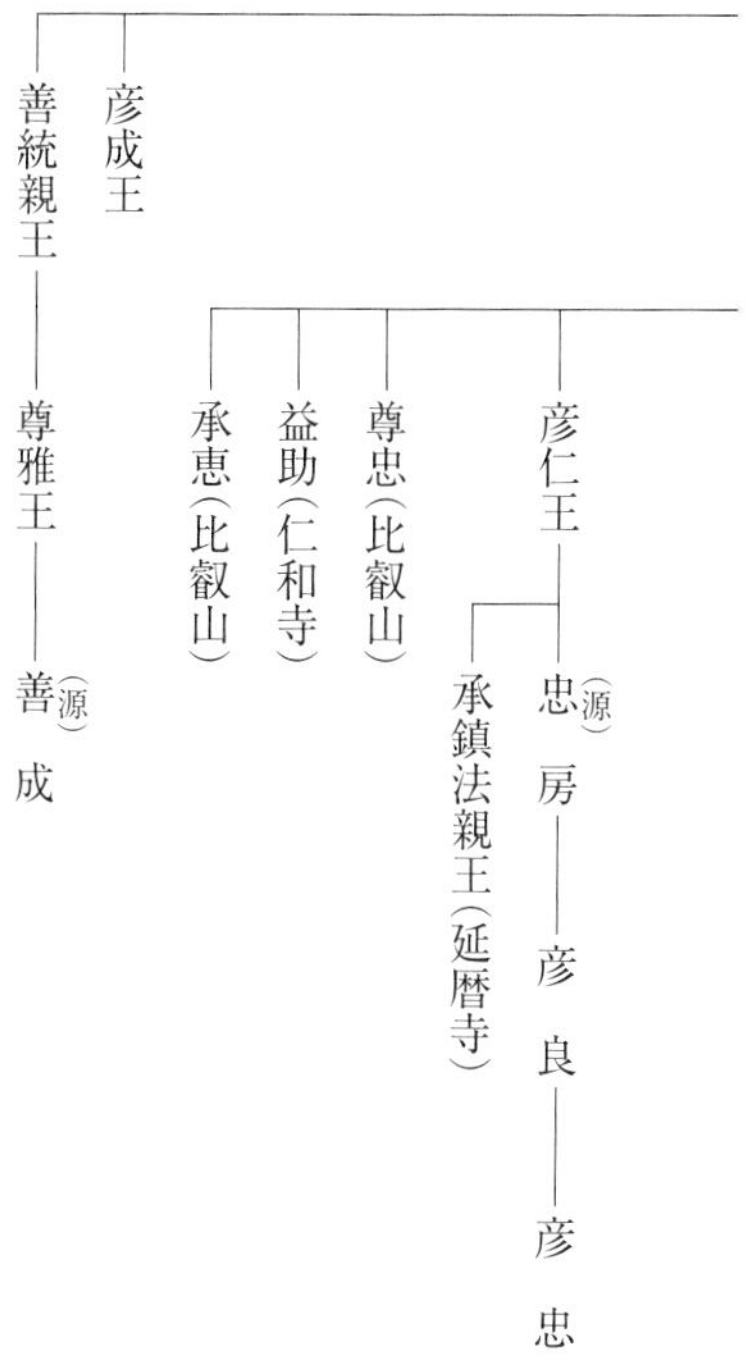

十六　後嵯峨源氏

二十一流もある賜姓源氏のなかでも、もっとも特異だったのは、後嵯峨源氏であるかも知れない。第八十八代後嵯峨天皇の即位それ自体からして、すでに特異であった。

後嵯峨天皇は、即位前には邦仁親王といった。第八十三代土御門天皇の第三皇子で、承久二年（一二二〇）二月二十六日に生まれた。

その翌年の七月、承久ノ乱後の処分を受けて、父帝は土佐に流された。邦仁親王は、生母土御門通子の叔父、大納言土御門通方に引き取られた。

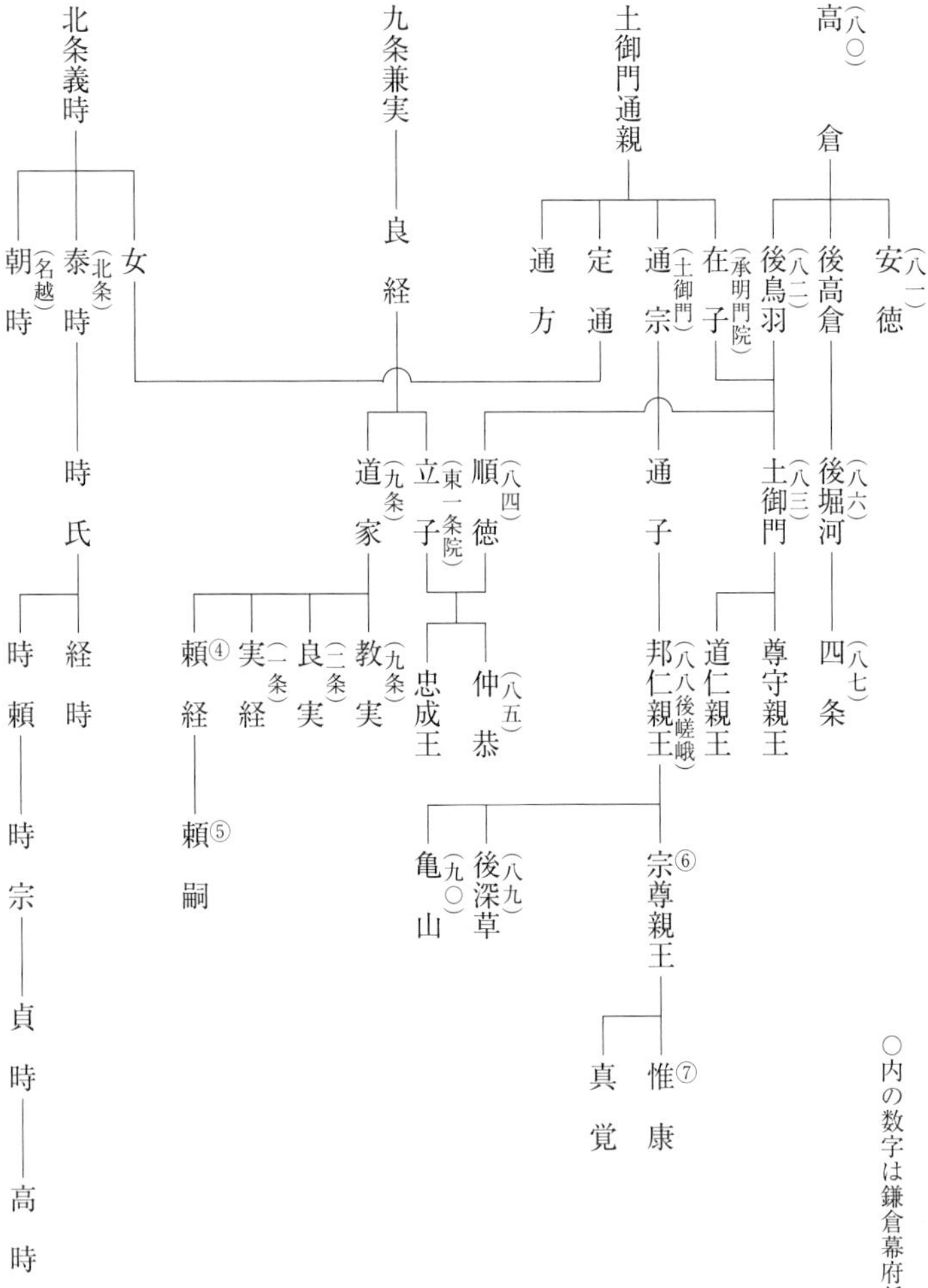

○内の数字は鎌倉幕府将軍代数。

ところが、暦仁元年（一二三八）十二月二十八日、その通方が死んだ。直後、父方の祖母にあたる承明門院在子（土御門通親の娘）に引き取られた。いわば親戚の間を、タライ廻しにされて育ったのである。

この邦仁親王に好機が訪れたかに見えたのは、仁治三年（一二四二）正月九日だった。第八十七代四条天皇の死である。廊下を滑石で磨いて女官を転倒させようといたずらしたところ、自分が転んでしまったのだと、『五代帝王物語』に記されている。

いずれにしても、四条天皇は十二歳だった。もちろん、皇太子は生まれてはいない。俄然、邦仁親王が世に出る可能性が生じた。兄二人は、すでに仏門に入っていた。

いままで養育に当たってきた村上源氏の土御門一族は、にわかに色めき立った。いままで邦仁親王を守り育ててきたのは、まさにこのときのためではないか。

しかし、……

強力なライバルがあった。第八十四代順徳天皇の第二皇子、忠成王である。このとき二十二歳。生母の東一条院立子の弟九条道家は、京都政界での権勢家だった。その上、四男頼経は四代将軍となって、いま鎌倉幕府に君臨している。

ちなみに承久ノ乱で敗れてから以降、京都政界の人事は、鎌倉幕府の意向の下にあった。それは皇位の問題も、例外ではなかった。だから四条天皇の突然の死からの十日間、京都の衆目は、ひとしく鎌倉の空に向けられていた。

鎌倉幕府の意向というのは、即、将軍九条頼経の意向のはずだった。そして将軍九条頼経の意向というのは、即、その父九条道家の意向のはずだった。ということは、次代の天皇は、即、忠成王のはずだった。気の早い忠成王の側近たちは、忠成王の即位の支度まで始めかけた。

そして九日目の同十九日の夕方、幕府の急使安達義景が、騎馬で京都に馳せ入った。しかし義景が人々に尋ねたのは、承明門院への道筋だった。幕府の意向は、邦仁親王の即位だったのである。

やがて情況が判明した。幕府の実権を握っていたのは、将軍九条頼経ではなかった。執権北条泰時だったのである。そして泰時の姉が、土御門定通の室になっていたのだった。

これで、情況は判明した。しかし邦仁親王に白羽の矢が立ったのは、それだけのことではなかった。頼朝が生きていた頃、たしかに九条家は親幕派だった。しかし北条氏による執権政治が成立すると、九条家は反北条氏に転じていた。そして頼朝が生きていた頃に反幕派だった土御門家は、いまや北条氏と婚姻関係を結んで、親北条氏に変わっていたのである。

さらにまた承久ノ乱のさいのことも、関係していた。忠成王の父順徳上皇は、熱心な討幕論者だった。そして邦仁親王の父土御門上皇は、討幕には反対していたのである。邦仁親王が次代の天皇ときめられたのには、このような事情も勘案されていたのである。

いずれにしても同二十日、邦仁親王は即位して、第八十八代後嵯峨天皇となった。鎌倉幕府のお蔭で日の目を見ることになり、ついには皇位にも即けられたということで、後嵯峨天皇の政治は、特別に幕府に従順なものとなった。

四年後の寛元四年（一二四六）、第二皇子（第八十九代後深草天皇）に譲位して院政を再開したが、その政治は依然として、幕府の指導の下にあった。幕府執権北条時頼の勧めにより、院政下に評定衆制度を導入したのは、その一例である。

やがて反北条氏の態度が露骨になった四代頼経・五代頼嗣の九条父子将軍が京都に追却され、鎌倉幕府から第一皇子宗尊親王の六代将軍推戴が願い出されると、すぐに後嵯峨上皇が許可したのは、まさに当然だった。

ところが文永三年（一二六六）七月、その宗尊親王にも反北条氏の意図があることが、鎌倉幕閣で発覚した。すぐに幕府は宗尊親王を京都に追却して、その子惟康王を七代将軍に擁立した。ときに惟康王は、まだ三歳だった。

やや遅れて文永七年十二月二十日、惟康王は臣籍降下して、源惟康となった。いわゆる後嵯峨源氏が、これである。

第七代将軍源惟康の時期は、多事多難だった。文永十一年（一二七四）十月と弘安四年（一二八一）六月と、二度にわたる蒙古襲来に遭ったのである。

そして弘安十年十月、幕府からの申請があって、源惟康に親王宣下がなされ、今度は惟康親王となった。二十四歳にもなっていたので、そろそろ京都に追却する準備を、鎌倉幕府は始めていたのだろう。

こうして後嵯峨源氏は、わずか惟康一代、十八年間で消滅した。正応二年（一二八九）九月、惟康親王は京都に追却されて出家し、嵯峨野に隠栖して、嘉暦元年（一三二六）十月三十日、六十三歳で死んだ。鎌倉幕府が滅びるのは、それから七年後のことだった。

四人の御子は、みな僧になっていた。

十七　後深草源氏

第八十八代後嵯峨天皇の跡は、皇子の後深草・亀山両天皇兄弟が嗣立した。あくまでも鎌倉幕府に気兼ねした後嵯峨上皇は、ついに後深草・亀山両統のいずれが正嫡と決しないままで死んだので、皇統は後深草天皇系の持明院統と亀山天皇系の大覚寺統とに分立して、相争うことになった。

そして正応二年（一二八九）十月、七代将軍惟康親王が京都に追却されると、かわって八代将軍として鎌倉に下向したのは、後深草上皇の第三皇子の久明親王だった。ときに十四歳だった。

その久明親王も、三十三歳になった延慶元年（一三〇八）八月四日、また京都に追却された。かわって御子の守邦王が、九代将軍を嗣立した。鎌倉幕府の最後の将軍である。

吉川弘文館

新刊ご案内　2019年10月

〒113-0033・東京都文京区本郷7丁目2番8号　振替00100-5-244（表示価格は税別です）
電話03-3813-9151（代表）　FAX03-3812-3544　http://www.yoshikawa-k.co.jp/

令和改元に伴い、新項目を増補―最も精確で信頼できる「天皇事典」

令和新修 歴代天皇・年号事典

米田雄介編

四六判・四六四頁／一九〇〇円　『内容案内』送呈

神武天皇から今上天皇までを網羅し、略歴・事跡などを平易に解説する。没後に天皇号を贈られた追尊《ついそん》天皇、皇位につかず太上《だじょう》天皇号を贈られた不即位太上天皇まで収め、各天皇の在位中に制定された年号や埋葬された陵《みささぎ》も記載。皇室典範特例法による退位と即位を巻頭総論に加え、天皇・皇室の関連法令など付録も充実。

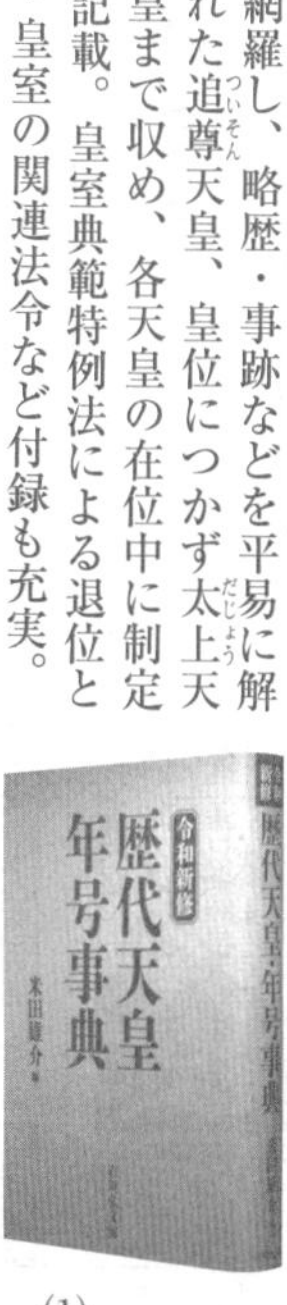

古墳、刀剣、城郭、応仁の乱＆幕末地図…。
ビジュアル付録を大増補！

ここが変わった2020年版

日記と歴史百科が一冊で便利！

歴史手帳 2020年版

吉川弘文館編集部編

A6判・三三六頁／一一〇〇円

◆見開きで管理できる「年間スケジュール」◆動乱の時代が一望できる「応仁の乱&幕末地図」◆古来、日本と関わりの深い世界を知る「現代のアジア地図」◆刀剣・城郭ファンにおすすめ！　博物館や城巡り、時代劇鑑賞に役立つ「図録編」がさらに充実　※古墳・梵字・服飾・刀剣・山城・天守を追加（一挙10頁）◆シックで洗練された風合の装幀に一新！

中世鎌倉のまちづくり
災害・交通・境界

高橋慎一朗著

山と谷が取り囲み、南に海が広がる鎌倉。寺社や遺跡、都市の「かたち」が中世の雰囲気を現在に伝える。多様な機能を持つ橋や禅宗寺院、武家屋敷から武士たちの暮らしを分析。人や物が絶え間なく行き交う都市鎌倉を探る。

四六判・二二八頁／二八〇〇円

朝廷の戦国時代
武家と公家の駆け引き

神田裕理著

戦国時代、天皇や公家たちはいかなる存在であったのか。足利将軍や天下人が、天皇・公家たちと交渉を繰り広げ、互いに利用し合った実態を解明。朝廷の「武家の傀儡《かいらい》」イメージを覆し、天皇・公家の主体性を再評価する。

四六判・二八八頁／二四〇〇円

池田綱政
元禄時代を生きた岡山藩主

倉地克直著

明君と知られた父光政と比較され、きびしい評価を受けてきた岡山藩池田家の二代目当主。だが実際は、大規模新田の開発や、閑谷学校の整備、後楽園の造営などの事蹟もある。時代に呼応した統治をすすめた人物像に迫る。

四六判・二四〇頁／二六〇〇円

核軍縮の現代史
北朝鮮・ウクライナ・イラン

瀬川高央著

東西冷戦後、米ソの中距離核戦力削減、ウクライナや朝鮮半島の非核化交渉、イラン核交渉などによる核軍縮が進んだ。安全保障上の利害の異なる関係諸国が、いかに核拡散の脅威を低減する合意を成立させてきたかを解明。

四六判・二六〇頁／一九〇〇円

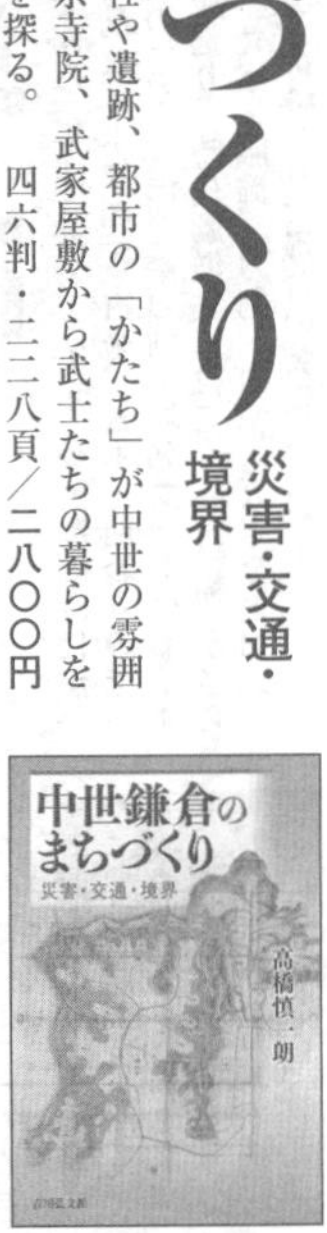

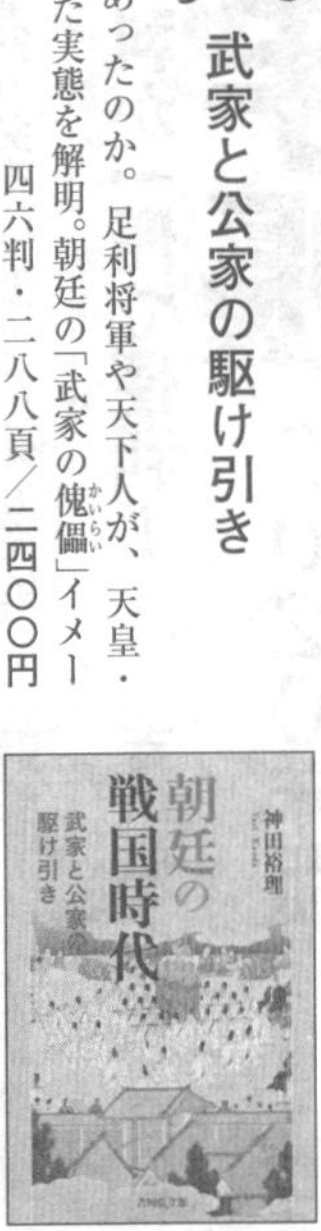

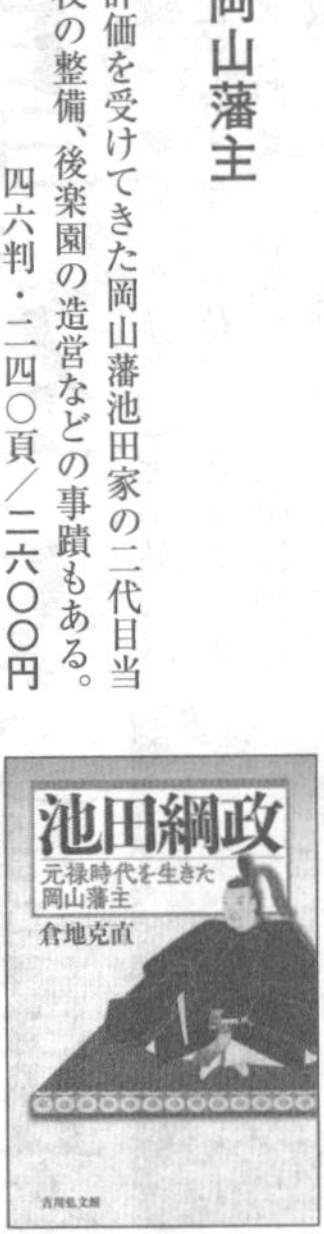

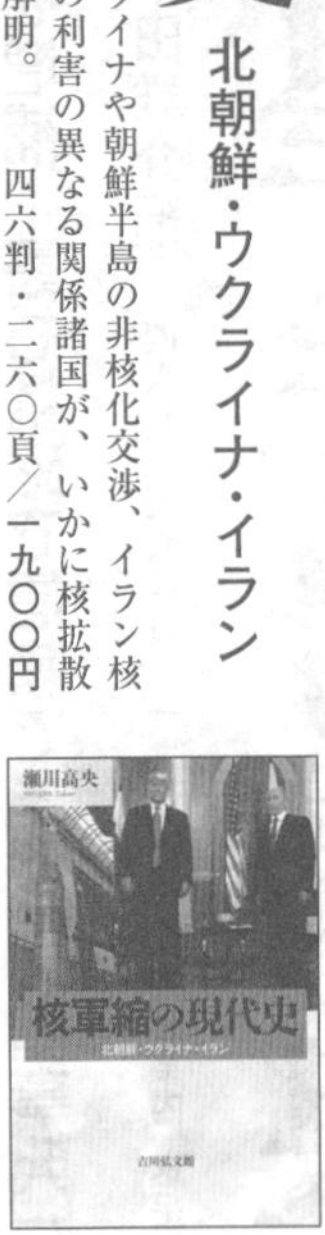

文字は何を語るのか？　今に生きつづける列島の古代文化

新しい古代史へ　全3巻　刊行中

平川　南著

『内容案内』送呈

A5判・平均二五〇頁・オールカラー

各二五〇〇円

2 文字文化のひろがり 東国・甲斐からよむ

木簡、漆紙文書、墨書・刻書土器や碑文のさまざまな文字。戸籍などの公文書にみる文字の権威や、現代にも残る祈り・まじないの原像、仮名成立を解く新たな発見など、地中から甦った文字資料が豊かな古代社会を語る。

二六四頁〈第2回配本〉

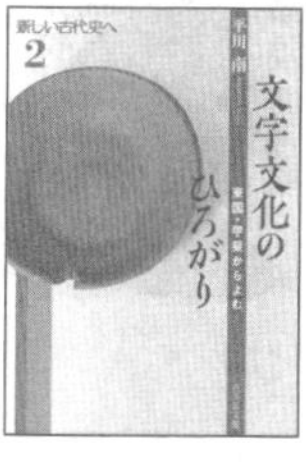

1 地域に生きる人びと 甲斐国と古代国家

文字が語る国家の支配と人びとの暮らし。〈発売中〉

3 交通・情報となりわい 甲斐がつないだ道と馬〈続刊〉

史実に基づく正確な伝記シリーズ

人物叢書

日本歴史学会編集　四六判

早良《さわら》親王（通巻296）

西本昌弘著

東大寺で出家後、兄の桓武天皇の即位で還《げん》俗《ぞく》し皇太子となる。藤原種継《たねつぐ》暗殺事件に連座し死去。祟《たた》りを恐れた桓武により異例の待遇を受ける。事件の真相や仏教面の業績を解明し、「怨霊」のイメージに隠れた人物像に迫る。

二八八頁／二二〇〇円

三宅雪嶺《せつれい》（通巻297）

中野目　徹著

明治〜昭和期のジャーナリスト。政教社を設立し、社会事象を雑誌『日本人』に論じた。政治権力から距離をとり、独自の哲学構築と日本・日本人像を模索した稀有の言論人として、近代日本の歩みを体現した生涯を描く。

三三六頁／二三〇〇円

【好評既刊】※（　）は通巻番号

前田利長（292）見瀬和雄著　二三〇〇円

阪谷芳郎（293）西尾林太郎著　二四〇〇円

藤原彰子《しょうし》（294）服藤早苗著　二二〇〇円

橘　諸兄《もろえ》（295）中村順昭著　二一〇〇円

歴史文化ライブラリー

●19年8月～10月発売の3冊

四六判・平均二二〇頁　全冊書下ろし

人類誕生から現代まで／忘れられた歴史の発掘／常識への挑戦／学問の成果を誰にもわかりやすく／ハンディな造本と読みやすい活字／個性あふれる装幀

487 〈謀反〉の古代史
平安朝の政治改革

春名宏昭著

平安前期、充実した国政運営が進展する一方、承和《じょうわ》の変をはじめとする政変が頻発したのはなぜか。有能な官僚による「良吏政治《りょうりせいじ》」の下で変質する天皇のあり方などを読み解き、政治を動かす巨大なエネルギーの実態に迫る。

二〇八頁／一七〇〇円

488 戸籍が語る古代の家族

今津勝紀著

国民の身分台帳たる戸籍。古代にも戸籍に人々が登録され、租税負担の基本となっていた。どの範囲の親族が記載されたのか、人口総数や平均余命、歳の差婚が多かった理由等々、古代の人々の暮らしを明らかにする。

二二四頁／一七〇〇円

489 平将門の乱を読み解く

木村茂光著

「新皇」即位―。皇統を揺るがせ、朝廷に衝撃を与えた平将門の乱。乱の原因を探りつつ、その過程に八幡神や天神など新しい神々が登場する意味や王土王民思想が発現される要因を分析し、反乱の国家史的意義を読み解く。

二七二頁／一八〇〇円

【好評既刊】

483
皇位継承の中世史
血統をめぐる政治と内乱
佐伯智広著――〈2刷〉二一六頁／一七〇〇円

484
たたら製鉄の歴史
角田徳幸著――二五六頁／一八〇〇円

485
特攻隊の〈故郷〉
霞ヶ浦・筑波山・北浦・鹿島灘
伊藤純郎著――〈2刷〉二四〇頁／一七〇〇円

486
海辺を行き交うお触れ書き
浦触の語る徳川情報網
水本邦彦著――二八八頁／一八〇〇円

歴史文化ライブラリー オンデマンド版 販売のお知らせ

一九九六年に創刊し、現在通巻四八〇を超えた歴史文化ライブラリーの中から、永らく品切れとなっている書目をオンデマンド版にて復刊いたしました。新たに追加したタイトルなど、詳しくは『出版図書目録』または小社ホームページをご覧下さい。

オンデマンド版とは？

書籍の内容をデジタルデータで保存し、ご注文を戴いた時点で製作するシステムです。ご注文をお受けするたびに、一冊ずつ製作いたしますので、お届けできるまで二週間程度かかります。なお、受注製作となりますのでキャンセル・返品はお受けできません。あらかじめご了承下さい。

読みなおす日本史

毎月１冊ずつ刊行中　四六判

日本の神話を考える
上田正昭著　一九二頁／二二〇〇円（解説＝千田　稔）

『古事記』『日本書紀』だけが日本の神話ではない。『風土記』や『万葉集』『先代旧事本紀』なども、神話の貴重な断片を伝えている。その全体を東アジアとの関わりも視野に入れて見通し、日本神話の成立と構造を解き明かす。

奈良の寺々 古建築の見かた
太田博太郎著　一九二頁／二二〇〇円（解説＝藤井恵介）

絵画や彫刻と異なり実用性も要求される建築は、基本的な知識がないと美や良さを理解するのが難しい。奈良の古寺を題材に、基礎用語と建物の構造をやさしく解説した、鑑賞のための入門書。便利な建築用語索引を付す。

鎌倉幕府の転換点 『吾妻鏡』を読みなおす
永井　晋著　二二〇頁／二二〇〇円（補論＝永井　晋）

鎌倉幕府の歴史は、正史『吾妻鏡』にいかに叙述されているのか。源平合戦、御家人の抗争、北条氏の権力確立などを年代順に辿り、『吾妻鏡』の記述と京都の公家・寺院の記録を比較検証。何が事実であったかを読み解く。

三つのコンセプトで読み解く、新たな〝東京〟ヒストリー

『内容案内』送呈

みる　よむ　あるく

東京の歴史

全10巻　刊行中

池　享・櫻井良樹・陣内秀信・西木浩一・吉田伸之編

B5判・平均一六〇頁／各二八〇〇円

巨大都市《メガロポリス》東京は、どんな歴史を歩み現在に至ったのでしょうか。史料を窓口に「**みる**」ことから始め、これを深く「**よむ**」ことで過去の事実に迫り、その痕跡を「**あるく**」道筋を案内。個性溢れる東京の歴史を描きます。

最新刊

7 渋谷区・中野区・杉並区・板橋区・練馬区・豊島区・北区（地帯編4）

いまは繁華街として多くの人で賑わう渋谷や池袋も、江戸時代には郊外でした。近代化にともない鉄道が伸び、人が移り住み、やがてムラからマチへと都市化を遂げていった、二三区西北部エリアの変貌と発展を描きます。

【既刊6冊】

1 先史時代～戦国時代（通史編1）
2 江戸時代（通史編2）
3 明治時代～現代（通史編3）
4 千代田区・港区・新宿区・文京区（地帯編1）
5 中央区・台東区・墨田区・江東区（地帯編2）
6 品川区・大田区・目黒区・世田谷区（地帯編3）

〈続刊〉 **8** 足立区・葛飾区・荒川区・江戸川区（地帯編5）／**9** 多摩Ⅰ（地帯編6）／**10** 多摩Ⅱ・島嶼（地帯編7）

摂関政治最盛期の「賢人右府」
藤原実資《さねすけ》が綴った日記を待望の現代語訳化！

『内容案内』送呈

現代語訳 小右記 全16巻

倉本一宏編

四六判・平均二八〇頁／半年に1冊ずつ配本中

⑨「この世をば」 【第9回】二八〇〇円

寛仁二年（一〇一八）正月～寛仁三年（一〇一九）三月

道長三女の威子が後一条天皇の中宮に立ち、「一家三后」という形で道長の栄華が頂点を極める。その宴席で和歌を詠むことを求められた実資は、道長の詠んだ「この世をば」を皆で唱和しようと提案。その胸中や如何に。 三一二頁

好評既刊

①三代の蔵人頭《くろうどのとう》 二八〇〇円
②道長政権の成立 二八〇〇円
③長徳《ちょうとく》の変 二八〇〇円
④敦成《あつひら》親王誕生 二八〇〇円
⑤紫式部との交流 二八〇〇円
⑥三条天皇の信任 三〇〇〇円
⑦後一条天皇即位 三〇〇〇円
⑧摂政頼通 三〇〇〇円

名久井文明著 A5判／各四五〇〇円

食べ物の民俗考古学 木の実と調理道具

縄紋時代の人々は、木の実などの食べ物をいかに処理し、利用してきたのか。出土遺物が形成された背景を、従来の考古学では研究対象にしてこなかった民俗事例から追究。食べ物を素材に「民俗考古学」の地平を広げる。 一七六頁

生活道具の民俗考古学 籠・履物・木割り楔・土器

縄紋時代以降、人々は籠や履物などの生活道具をいかに作り、使ってきたか。出土遺物が形成された背景を、従来の考古学では研究対象にしなかった民俗事例から追究。生活道具を素材に「民俗考古学」の地平を広げる。 一九二頁

古代日本の国家と土地支配

松田行彦著 A5判・三四四頁／一一〇〇〇円

古代の人と土地との関係を、経済面と国家との関係から追い、地域社会の土地慣行を復元。班田収授法の理解に必要な大宝田令条文を、唐の土地制度と比較分析して、土地をめぐる諸問題への律令制国家の関与を追究する。

中世足利氏の血統と権威

谷口雄太著 A5判・三五〇頁／九五〇〇円

中世後期、足利氏とその一族（足利一門）は、自らを尊貴な存在と権威付けていた。なかでも別格の吉良・石橋・渋川の三氏（御一家）を具体的に検証。足利一門を上位とする武家の儀礼・血統的な秩序形成から崩壊までを描く。

足利一門守護発展史の研究（新装版）

小川　信著

A5判・八三四頁／一二〇〇〇円

中世政治史に新生面を開いた室町幕府・守護体制の実証的研究を新装復刊。足利一門（細川・斯波・畠山）の発展過程を追究し、三管領として政権の中枢を占めた理由を解明する。研究の進展に今なお寄与する労作。解説付。

近世地方寺院経営史の研究

田中洋平著

A5判・二五八頁／一〇〇〇〇円

近世寺檀制度の枠組外にあった小規模仏寺は、いかに存続しえたのか。関東地域の祈禱寺院・修験寺院・無住寺院を中心に、宗教・金融・土地集積など多様な活動を検討。寺門を取り巻く地域社会と寺院経営との関係に迫る。

日本陸軍の軍事演習と地域社会

中野　良著

A5判・二六〇頁／九〇〇〇円

軍隊の維持に不可欠な軍事演習にあたり、陸軍と地域はいかなる関係を有したか。日露戦後から昭和戦前期を対象に、演習地の負担や利益、演習地に対する陸軍の認識を検討。天皇統監の特別大演習に関する論考も収録する。

帝国日本の大陸政策と満洲国軍

及川琢英著

A5判・二九二頁／九〇〇〇円

満洲国軍とはいかなる存在だったのか。馬賊ら在地勢力の編入過程や、陸士留学生、軍内統制、国兵法の意義、作戦動員と崩壊までを検証。日露戦争以後の日本の大陸政策と中国東北史に位置づけ、歴史的意義を考察する。

戦後日本の教科書問題

石田雅春著

A5判・二四〇頁／九〇〇〇円

教育課程や検定制、歴史教科書の記述内容などを焦点に進められてきた戦後の教科書問題研究。日教組と文部省の対立や教科書無償化、家永教科書裁判などの諸問題を、従来とは異なる視点で分析して実態に迫る。

日本考古学　第49号

日本考古学協会編集――A4判・一三八頁／四〇〇〇円

正倉院文書研究　第16号

正倉院文書研究会編集―B5判・一三四頁・口絵二頁／五〇〇〇円

鎌倉遺文研究　第44号

鎌倉遺文研究会編集――A5判・八〇頁／二〇〇〇円

戦国史研究　第78号

戦国史研究会編集――A5判・五二頁／六四九円

交通史研究　第95号

交通史学会編集――A5判・一一四頁／二五〇〇円

浅草寺日記　第39号

浅草寺史料編纂所・浅草寺日並記研究会編――A5判・八一六頁　一〇〇〇〇円

泰平の世を導いた３将軍の記念碑的伝記を

３冊一挙に新装復刊！

Ａ５判・上製／『内容案内』送呈

中村孝也著

徳川家康公伝〈新装版〉

本文一〇五八頁
口絵（原色二丁・単色二六丁）
折込（原色二丁・単色一丁）
二五〇〇〇円

家康没後三五〇年、日光東照宮の記念事業として編纂された伝記を新装復刊。家康の性格描写に注力し、歴史的環境とともに全生涯を総観する。詳細な年譜と、関連史跡や文書など豊富な図版も収めた、家康研究に必備の書。

廣野三郎著

徳川家光公伝〈新装版〉

本文六六八頁
原色口絵二丁・別刷一一丁
二〇〇〇〇円

徳川家三代将軍として幕府の基礎を強固にした家光。その三百回忌を記念して編纂された初の本格的伝記を新装復刊。誕生から任官までの経歴、将軍の個性を中心に、その治世と鎖国令など事績を余すことなく詳述する。

辻　達也著

徳川吉宗公伝〈新装版〉

本文四三八頁
原色口絵一丁・別刷一三丁
二〇〇〇〇円

享保の改革を主導した中興の名君として知られる徳川八代将軍吉宗。没後二〇〇年にあたり編纂された伝記を新装復刊。幕府政治再建に力を注いだ事績を究明するなど、個人の伝記にとどまらず享保時代史ともいうべき名著。

鐙《あぶみ》瓦・宇《のき》瓦
文字瓦・鴟尾《しび》
鬼瓦・塼《せん》…

戦前の日本・中国・朝鮮半島で発掘された膨大な「古瓦」を分類・編集した稀覯書を新装復刊

石田茂作編

古《こ》瓦《が》図鑑（新装版）

Ａ４横判・二九六頁／三三〇〇〇円

戦前の考古学者高橋健自が収蔵した、日本・中国・朝鮮半島の遺跡出土の古瓦九五九九点を、形式ごとに分類・編集した図鑑を新装復刊。古墳時代から近世までの瓦を収め、発見地や寸法も明記。古代史・考古研究の重要資料。『内容案内』送呈

検証 奈良の古代遺跡
古墳・王宮の謎をさぐる

小笠原好彦著

古代には大和《やまと》と呼ばれ、政治や文化の中心地だった奈良。葛城《かつらぎ》や飛鳥の古墳、王宮跡など三〇遺跡を新説とともに紹介。考古学の研究成果に『記紀』『万葉集』などの記述をふまえ、背後に展開した新たな古代世界を描く。

Ａ５判・二二二頁／二二〇〇円

中世日本を生きる
遍歴漂浪の人びと

新井孝重著

中世前期、耕地は不安定で農民も武士も土地に根を張れなかった。底辺に生きる非人や遍歴する芸能民。襲いかかる災害・飢饉・病など、厳しい環境のなかで人びとはどのように生き抜いたのか。中世の社会史を読み解く。

四六判・二一八頁／二四〇〇円

鳥羽・志摩の海女《あま》
素潜り漁の歴史と現在

塚本　明著

国の重要無形民俗文化財「鳥羽・志摩の海女漁の技術」。原始から現代へと至る、苦難と興隆の歴史を辿り、その豊かで力強い文化を紹介する。働くことの意味、伝統・文化のありかたを現代社会に問いかける注目の一冊。

Ａ５判・二三二頁／二二〇〇円

ロイヤルスタイル 英国王室ファッション史

中野香織著

個性ある生き方とファッションで世界の関心を惹きつける英国王室。装いや言動、恋愛や結婚は何を示し、人々はいかに受け止めたのか。威光と親しみやすさを共存させてきた英王室の歴史、そして気高い生き方を考える。

四六判・二三六頁／二二〇〇円

わくわく！探検《たんけん》

れきはく 日本の歴史 全5巻

小中学生から大人まで、歴史と文化を目で見て楽しく学べる！

国立歴史民俗博物館編

「れきはく」で知られる国立歴史民俗博物館が日本の歴史と文化を楽しく、やさしく解説。展示をもとにしたストーリー性重視の構成で、ジオラマや復元模型など、図版も満載。大人も楽しめる！

Ｂ５判・各八六頁
オールカラー
各一〇〇〇円
全５巻セット箱入五〇〇〇円
『内容案内』送呈

博物館《ミュージアム》が本になった！

❶ 先史・古代
❷ 中世
❸ 近世
❹ 近代・現代
❺ 民俗

国史大辞典 全15巻（17冊）

国史大辞典編集委員会編 四六倍判・平均一一五〇頁
本文編（第1巻～第14巻）＝各一八〇〇〇円
索引編（第15巻上中下）＝各一五〇〇〇円
全17冊揃価 二九七〇〇〇円

明治時代史大辞典 全4巻

宮地正人・佐藤能丸・櫻井良樹編 四六倍判・平均一〇一〇頁
第1巻～第3巻＝各二八〇〇〇円
第4巻（補遺・付録・索引）＝二〇〇〇〇円
全4巻揃価 一〇四〇〇〇円

アジア・太平洋戦争辞典

吉田 裕・森 武麿・伊香俊哉・高岡裕之編 四六倍判 八五八頁 二七〇〇〇円

日本歴史災害事典

北原糸子・松浦律子・木村玲欧編 菊判・八九二頁 一五〇〇〇円

歴史考古学大辞典

小野正敏・佐藤 信・舘野和己・田辺征夫編 四六倍判 一三九二頁 三二〇〇〇円

源平合戦事典

福田豊彦・関 幸彦編 菊判・三六二頁／七〇〇〇円

戦国人名辞典

戦国人名辞典編集委員会編 菊判・一一八四頁／一八〇〇〇円

戦国武将・合戦事典

峰岸純夫・片桐昭彦編 菊判・一〇二八頁／八〇〇〇円

織田信長家臣人名辞典 第2版

谷口克広著 菊判・五六六頁／七五〇〇円

日本古代中世人名辞典

平野邦雄・瀬野精一郎編 四六倍判・一二二二頁／二〇〇〇〇円

日本近世人名辞典

竹内 誠・深井雅海編 四六倍判・一三二八頁／二〇〇〇〇円

日本近現代人名辞典

臼井勝美・高村直助・鳥海 靖・由井正臣編 四六倍判 一三九二頁 二〇〇〇〇円

歴代内閣・首相事典

鳥海 靖編 菊判・八三二頁／九五〇〇円

近　刊

※書名は仮題のものもあります。

縄文時代の植物利用と家屋害虫 圧痕法のイノベーション
小畑弘己著　B5判／八〇〇〇円

阿倍仲麻呂（人物叢書298）
森　公章著　四六判／二二〇〇円

藤原俊成　中世和歌の先導者
久保田　淳著　四六判／三八〇〇円

「王」と呼ばれた皇族 古代・中世皇統の末流
日本史史料研究会監修・赤坂恒明著　四六判／二八〇〇円

神仏と中世人 宗教をめぐるホンネとタテマエ（歴史文化ライブラリー491）
衣川　仁著　四六判／一七〇〇円

経　覚（人物叢書299）
酒井紀美著　四六判／二三〇〇円

軍需物資から見た戦国合戦（読みなおす日本史）
盛本昌広著　四六判／二二〇〇円

戦国大名毛利家の英才教育 元就・隆元・輝元と妻たち（歴史文化ライブラリー492）
五條小枝子著　四六判／一七〇〇円

東海の名城を歩く　岐阜編
中井　均・内堀信雄編　A5判／二五〇〇円

信長と家康の軍事同盟 利害と戦略の二十一年（読みなおす日本史）
谷口克広著　四六判／二二〇〇円

明智光秀の生涯（歴史文化ライブラリー490）
諏訪勝則著　四六判／一八〇〇円

戦国大名北条氏の歴史 小田原開府五百年のあゆみ
小田原市編・小和田哲男監修　A5判／一九〇〇円

肥前名護屋城の研究 中近世移行期の築城技法
宮武正登著　B5判／一二〇〇〇円

城割の作法 一国一城と城郭政策
福田千鶴著　四六判／三〇〇〇円

大学アーカイブズの成立と展開 公文書管理と国立大学
加藤　諭著　A5判／一一五〇〇円

芦田均と日本外交 連盟外交から日米同盟へ
矢嶋　光著　A5判／九〇〇〇円

文化遺産と〈復元学〉 遺跡・建築・庭園復元の理論と実践
海野　聡編　A5判／四八〇〇円

モノのはじまりを知る事典 生活用品と暮らしの歴史
木村茂光・安田常雄・白川部達夫・宮瀧交二著　四六判／二六〇〇円

そして嘉暦三年（一三二八）六月、守邦王と弟の久良王の二人は、ともに臣籍降下して、源守邦、源久良となった。後深草源氏の成立である。

しかし将軍源守邦は、ときに二十八歳だった。鎌倉幕府の慣例で、京都に追却される年齢が、目前に迫っていた。そして二年後の元徳二年（一三三〇）、鎌倉幕府の申請があって、守邦・久良兄弟に親王宣下が行われた。二人を京都に追却する準備を、すでに幕府は終わったのである。

ちなみに七代将軍源惟康が、親王宣下を受けたのは弘安十年（一二八七）、そして京都に追却されたのは、二年後の正応二年（一二八九）だった。この調子で行けば、守邦親王が京都に追却されるのは、元弘二年（一三三二）、同三年の頃のはずだった。

このとき、大事件が起こった。元弘三年（一三三三）五月二十二日、当の鎌倉幕府自体が滅亡したのである。親王身分のままで、守邦親王は上洛し、同八月十六日、三十三歳で死んだ。

守邦親王の弟久良の生涯も、転変をきわめていた。前述したように、最初は久明親王の御子だとい

うので、久良王だった。やがて兄守邦王が臣籍降下したとき、ともに臣籍降下して源久良となった。そして兄が京都に追却される準備ということで親王宣下があったとき、ともに親王宣下がされて、久良親王となった。

そして久良親王の長男宗明王は、建武五年（一三三八）八月、北朝から臣籍降下して、第二次の後深草源氏となった。弟の宗久王は、やや遅れて南朝から臣籍降下して、これまた後深草源氏となった。いずれにしても南北朝内乱の最中だった。宗明・宗久兄弟の後深草源氏の以降は、まったく判らない。

十八　亀山源氏

厳密に言うと、亀山源氏というものはない。第九十代亀山天皇の系統で、臣籍降下した者はいないからである。しかし、『尊卑分脈』には、「亀山源氏」という項がある。亀山天皇の第七皇子、恒明親王の系統を指しているらしい。

しかし、恒明親王の系統にも、臣籍降下した者はいない。この系統は永く続いたが、結局は出家して法親王になっている。

十九　後二条源氏

これも厳密に言うと、後二条源氏というものはない。第九十四代後二条天皇の系統で、臣籍降下した者はいないからである。

しかし、『尊卑分脈』では、「後二条源氏」という項が立てられている。後二条天皇の第一皇子邦良親王の系統は、「木寺宮」家を称しているが、この系統を指しているらしい。やはり最終的には、仁和寺や延暦寺に入って門跡になっている。

二十　後醍醐源氏

第九十六代後醍醐天皇は、史上、とくに有名である。天皇親政の復活を理想として鎌倉幕府は倒したものの、やがて泥沼の南北朝内乱にはまり込み、ついに延元四年（一三三九）八月十六日、

「玉骨ハ南山ノ苔ニ埋ルトモ、魂魄ハ北闕ヲ望マン」

という執念の語を残して、吉野山で死んだ。

その執念を受け継いだのが、後醍醐源氏である。第二皇子の宗良親王の系統と、第六皇子の懐良親王の系統と、すべてで二流ある。ともに苛烈な南北朝内乱のなかで、成立している。

宗良親王は早くから出家して尊澄法親王となり、妙法院門跡を経て比叡山延暦寺に入り、天台座主となった。父帝の密計に従って、僧兵の糾合を図ったのである。

元弘元年（一三三一）ノ変には、笠置山で捕えられて、讃岐に配流された。しかし同三年五月二十二日に鎌倉幕府が滅亡すると、すぐに帰京して天台座主に復帰した。

建武二年（一三三五）十一月に始まった南北朝内乱は、当初の二年間で、ほぼ勝敗は決していた。結城、楠木、名和伯耆、千種の三木一草はすぐに枯れ、後醍醐天皇は吉野山に蒙塵した。

このような情況になったとき、尊澄法親王は立った。還俗して宗良親王に戻り、伊勢一瀬（度会町）、遠江井伊城（引佐町）、越後寺泊（寺泊町）、越中奈呉浦（新湊市）、信濃大河原城（大鹿村）と、各地を転戦したのである。

勝ったこともあった。しかし、敗北の方が多かった。いずれにしても、大勢には関係はなかった。

正平七年（一三五二）閏二月には、新田義宗軍と呼応して、鎌倉を占領したこともあった。文中三年（一三七四）の冬からの三年間は、吉野にいたらしい。

しかし、天授三年（一三七七）冬には、また信濃に戻っていた。まさに転戦に次ぐ転戦の生涯だった。元中六年（一三八九）正月より以前に、信濃大河原城で死んだらしい。

その宗良親王には、男子が二人あった。長男は興良王で、生母は藤原貞長の娘だと『細々要記』にある。その事跡は、まったく伝わらない。

次男が、尹良王である。遠江井伊ヶ谷（引佐町）の土豪、井伊介道政の娘が生母で、井伊城で生まれたという。父宗良親王が吉野に帰った文中三年、伴われて吉野に入り、そこで育てられた。

そして元中三年（一三八六）八月八日、吉野で臣籍降下して、源尹良となった。後醍醐源氏ということになる。同時に正二位中納言兼右大将に任じられた上に、征夷大将軍にもなったという。内乱を戦い抜く使命が、すでに与えられたのであろう。

直後の元中九年閏十月五日、両朝の合体があって、南北朝内乱は終結した。しかし、直後の同十日、後南朝の挙兵指令が、全国の南党に発せられた。

そして応永四年（一三九七）、世良田政義・桃井宗綱などの新田氏残党が、尹良を上野に迎え入れた。尹良の後南朝の挙兵である。

以降、尹良は、上野丸山（太田市）、甲斐石和（石和市）、上野寺尾（高崎市）、信濃飯田（飯田市）、同大野（波田町）と転戦した。しかし、応永三十一年八月十五日、ついに信濃大河原で自刃して果てたと、『浪合記』に記されている。

源尹良の男子は、二人あったらしい。尹重と良新である。この二人を混同して良王と呼んでいるのが、『浪令記』である。ともに新田世良田政義の娘が、生母だったらしい。

二人ともに、上野、信濃、尾張、三河と転戦したらしい。

長男尹重は、明応元年（一四九二）三月五日、尾張津島（津島市）で死んだ。七十八歳だったという。一子信重のその後は、判然とはしない。

次男良新は、同地の津島神社（津島市神明町）の神官になった。兄弟の父尹良王が吉野を出たとき、迎えに来た武士四人の子孫の四家（大橋、岡本、山川、恒河）と、随従して吉野を出た公卿の子孫の七苗字（堀田、平野、服部、鈴木、真野、光賀、河村）とが、良新の子孫を補佐し続けたという。

ちなみに『系図纂要』補遺の「後醍醐源氏」の項には、次のように記されている。

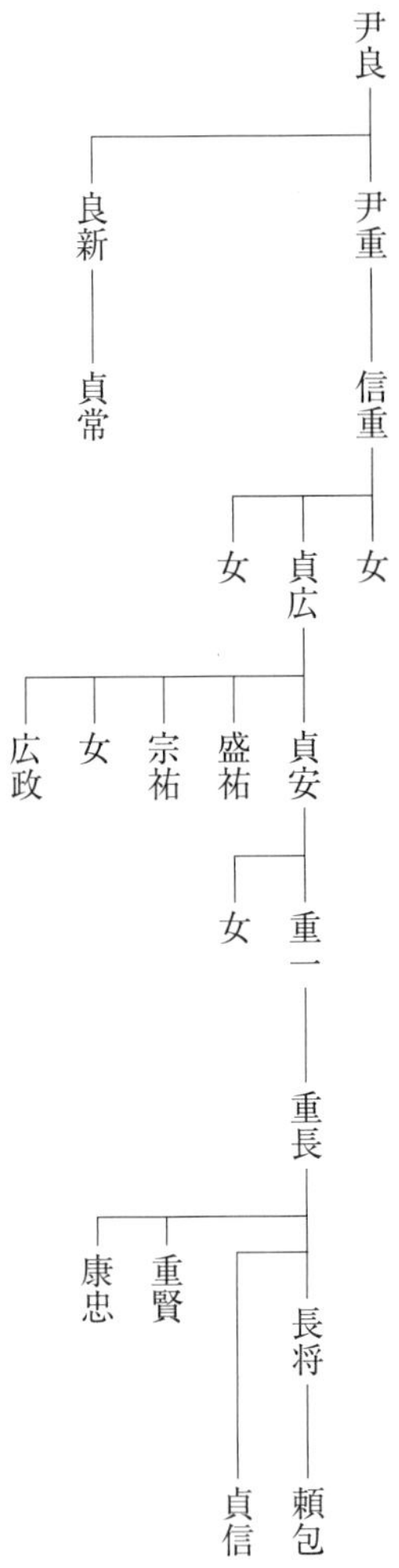

この系統の苗字には、津島、氷室、大橋、川口、長田、中根、真野、織田、祖父江などがある。重長の代に織田信長に仕えたという。

ところで、……

後醍醐源氏には、もう一流ある。九州で征西将軍宮と名乗った懐良親王の一子、雅良王の系統である。

雅良王の生母は、九州南党の中心菊池武光の妹だった。ところが文中三年（一三七四）秋、その武光の子菊池武政が北朝に降伏したので、居所を失って山林に交わり、自分で元服して後醍院越後守源良宗と名乗ったと、『後醍院系図』にある。

後醍院が転じて、五大院という苗字があるが、太田亮氏は、これを虚誕と断じられている。

二十一　正親町源氏

第九十六代後醍醐天皇から後醍醐源氏が成立してから以降、第百六代正親町《おおぎまち》天皇から正親町源氏が成立するまで、中間の九人の天皇からは、賜姓源氏は成立しなかった。

この間、皇親の臣籍降下は、絶えて行われなかった。天皇にならなかった皇親たちは、すべて大寺の門跡になったのである。

さらに言えば、第百六代正親町天皇から正親町源氏が成立してから以降、第百二十五代の今上にいたるまでの間も、皇親の臣籍降下と賜姓源氏ということは、ついになかった。

ひらたく言えば、第九十七代から第百二十五代の現在までの間、賜姓源氏があったのは、わずか一例の正親町源氏だけだったのである。

ことほどさように、正親町源氏の成立というのは、特異なことだった。当然、正親町源氏成立の事情も、これまた特異だった。豊臣から徳川へという権力の交替が、その背景にあったのである。

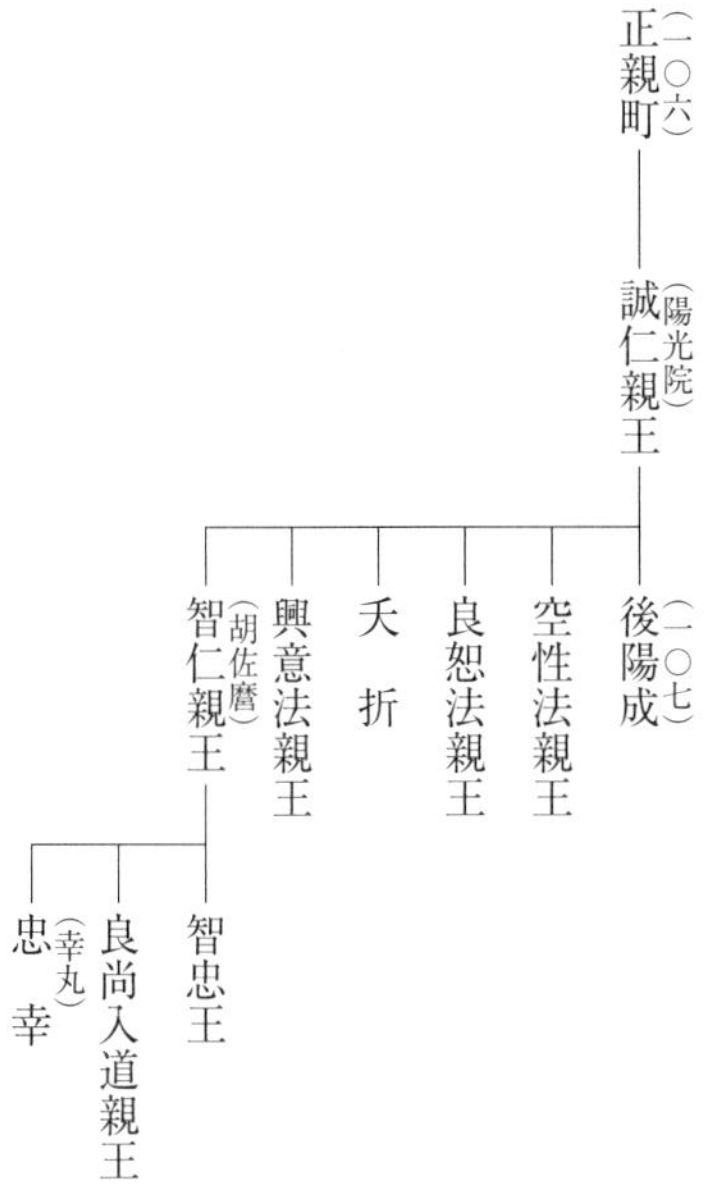

戦国時代の末期から織豊時代にかけて生きた第百六代正親町天皇の皇太子誠仁親王は、父帝に先立って死んだ。そのため天正十四年（一五八六）十一月七日、正親町天皇が譲位したのは、嫡孫の和仁親王だった。第百七代後陽成天皇である。

これと相前後して、後陽成天皇の弟三人が、相次いで法親王になった。皇位に即《つ》くという期待がなくなって、延暦寺や三井寺に入ったのである。

ところが故誠仁親王の六男胡佐麿だけは、出家しなかった。それどころか胡佐麿は、さまざまな幸運に見舞われて行く。

まず兄たちが入らなかった亡父の宮殿「八条殿」を独占して、世に「八条ノ宮」あるいは「八条殿」と呼ばれることになる。

次に亡父誠仁親王が、「太上天皇」の号が遺贈されて、陽光院ということになった。実際には皇位に即くことはなかったのに、「陽光天皇」だったことにされたのである。

このような措置は、胡佐麿の身分を引き上げるための布石だった。亡父がもと天皇だったということなら、その子の胡佐麿は、当然、親王であるべきだというのである。

こうして天正十九年正月二十六日、胡佐麿は親王号が許されて、智仁親王となった。ときに十三歳だった。

すべては、秀吉のお蔭だった。今をときめく関白豊臣秀吉が、とにかく胡佐麿が気に入って、猶子《ゆうし》にしてまで可愛がってくれたのである。

官位も一品式部卿で、京都の西郊桂川の西岸に離宮を構え、「瓜畠のかろき茶屋」を設けたのも、この頃からだったかも知れない。のちに発展したのが、桂離宮である。

やがて智仁親王は成長して、三人の男子が生まれた。すると秀吉の殊遇は、この三人にまで及んだ。親王の御子は王号が通例なのに、長男、次男にまで親王号が許されて、それぞれ智忠親王、良尚親王となったのである。

ところが慶長三年（一五九八）八月十八日、事態が一変した。秀吉が六十三歳で死んだのである。そして二年後の関ヶ原合戦は、まさに決定的だった。豊臣家は地方の一大名となり、天下は徳川家の天下になった。

寛永六年（一六二九）四月、智仁親王は五十一歳で死んだ。桂宮家を嗣立したのは、長男の智忠王だった。すでに親王号は、剝奪されていたのである。そして次男の良尚親王は京都の曼殊院（左京区）の門跡になり、良尚入道親王となった。

そして三男幸丸は、やがて元服して三ノ宮幸王となった。次いで尾張徳川家の徳川義直（家康の九男）の娘京子と結婚して、名古屋城の三ノ丸に移り住み、「三ノ丸殿」と呼ばれることになった。

しかし、高貴な身分だからというので、寛文四年（一六六四）五月、京都に帰って従三位左中将に任じられ、同六月十三日、臣籍降下して源忠幸となった。これが正親町源氏である。

近江で知行地千石を給せられ、やがて中納言から正三位権大納言に転じ、「広幡」という苗字を与えられている。

ちなみに五摂家（近衛、鷹司、九条、二条、一条）に次ぐ家格に、七清華家（久我、三条、西園寺、徳大寺、花山院、大炊御門、今出河〔菊亭〕というのがあった。これに広幡家が加えられ、さらに後年、醍醐家が加えられて、七清華家は九清華家になる。

いずれにしても広幡忠幸と徳川京子との間に、男子は生まれなかった。だから寛文九年閏十月十八日、忠幸が四十六歳で死ぬと、久我通名の子安丸が養子に入った。死後の養子だということで、知行地は五百石に半減されている。

結局、正親町源氏の広幡家には、正親町天皇の血筋は伝わらなかった。しかし、幕末まで家系は続き、明治維新後に侯爵家になっている。

平氏四流

以下、「平」姓を賜与されて臣籍降下した四流について、それぞれの特徴的なことを略述する。

一　桓武平氏

ひと口に「桓武平氏」と言っても、すべてで十七流ある。第五十代桓武天皇の四人の皇子の系統というだけで四流あり、それぞれがまた二流ないし八流に、さらに分流したからである。

① 葛原親王―高見王―平高望

十七流ある桓武平氏のうち、この系統がもっとも有名である。いわゆる清和源氏と併称され、やがて源平合戦を戦ったのが、この系統である。

高望王改め平高望は、従五位下の上総介だった。五人の息子たちも、いずれも東国の官職についている。

長男国香は、常陸大掾で鎮守府将軍だった。次男良兼は従五位下の下総介、三男良将は従四位下の鎮守府将軍、五男良文は従五位上で村岡五郎と名乗ったが、「村岡」については熊谷市村岡、藤沢市村岡、千代川村字村岡の三説がある。そして六男良茂は、常陸少掾だった。

つまり高望一家は、すでに東国に土着して、武士になっていたのである。三男良将の子将門が、国香など伯叔を相手に戦ったことは、『将門記』などに詳しい。だいたい東国の東南部一帯、つまり常陸・上総・下総三国を中心に盛えていたらしい。

しかし、将門ノ乱の後、貞盛は朝廷に仕えることを本務とし、その四男維衡は本拠を伊勢に移し、同じように伊勢に本拠を移していた良兼流の致頼と、対立抗争を展開している。結局は維衡流が勝ったらしく、その曾孫正盛の代に院政を開いていた白河法皇と結び付いて、京都政界に乗り出して行く。やがて平氏政権を樹立する伊勢平氏が、これである。

国香―貞盛
- 維叙―貞叙―信盛
- 維将―維時―直方（北条・熊谷）
- 維敏―千公
- 維衡―正度
  - 貞季（山木）
  - 正衡―正盛―忠盛―清盛―重盛（織田、長崎）

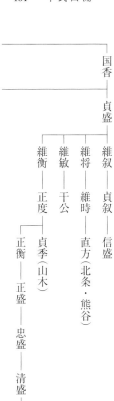

├基盛
└宗盛

├繁盛（城、伊佐、大掾）
├良兼――公雅――致頼――公致（長田）
├良将――将門（相馬、大豊原）
├良文――忠頼（千葉、畠山、三浦、中村）
└良茂――良正（鎌倉、大庭、梶原、長尾）

一方、東国に残された諸流からは、北条、熊谷、相馬、千葉、畠山、三浦、中村、土肥、鎌倉、大庭、梶原、長尾、俣野などが族生する。そして伊勢平氏が伊勢へ去った後に入ってきた清和源氏に従属することになる。

ちなみに五年間にわたった源平合戦は、ある意味では「平平合戦」だった。源頼朝・義経に従って伊勢平氏と戦った北条、三浦、熊谷、土肥等々は、同じく平氏だったからである。

この系統の苗字は、きわめて多い。順不同で挙げると、次のようである。

平、滝口、相馬、村岡、秩父、畠山、長野、小山田、稲毛、小沢、榛谷、針谷、中村、土肥、二宮、小早川、早川、千葉、境、海上、波生、上総、三浦、大多和、佐原、和田、東、武石、大須賀、国分、東野、杉本、鎌倉、大庭、殿原、長尾、俣野、梶原、長田、大矢、賀茂、門真、織田、長崎、関、山木、奥山、城、今津、加地、北条、名越、塩田、佐介、大仏、赤橋、阿多美、江馬（江間）、極楽寺、常葉（常盤）、普恩寺、伊具、金沢、和泉、山本、平田、庄田、伊勢、桑名、鷲尾、安濃津、大和、杉原、本郷、本梨、焼野、門脇、池。

② 葛原親王—平高棟

天長二年（八二五）八月二十五日か、承和十年（八四三）閏七月かのいずれかに、臣籍降下している。この系統は基本的に在京していて、下級の公卿になった。清盛の妻の弟だった平大納言時忠が、もっとも有名である。

この系統の苗字には、安居院、烏丸、西洞院、時国などがある。

二　仁明平氏

仁明平氏は成立すると数代で断絶してしまったらしい。事跡はほとんど伝わらない。

三　文徳平氏

第五十五代文徳天皇の第三皇子惟彦親王の孫寧幹から始まる文徳平氏は、『尊卑文脈』に四代目までは記されている。いずれも従五位下の国司であった。しかし、それより以降のことは、まったく判らない。

四　光孝平氏

第五十八代光孝天皇の曾孫の代で成立した光孝平氏は、すべてで五流ある。いずれも三代までしか伝わらないが、興我王の孫平兼盛という有名な歌人を出している。以降のことは、まったく判らない。

清和源氏の謎

清和源氏には十九流あることは、すでに先述してある。が、ここでいう「清和源氏」は、のちに八幡太郎義家や源頼朝などが現れる系統のことである。第五十六代清和天皇の第六皇子貞純親王の子経基王が、臣籍降下したという系統を指している。

史上でもっとも有名な系統であるが、それだけに謎も多い。通説は、そのままでは信じられない。まず第一に、貞純親王の生年がある。『尊卑分脈』には、延喜十六年（九一六）五月七日、六十四歳で死んだとある。逆算してみると、仁寿三年（八五三）の生まれということになる。

ときに父帝の清和天皇は、まだ四歳で即位もしていない。しかも貞純親王は第六皇子だったから、兄だけでも五人はいたことになる。とうてい信じられない。

（五六）清和┬（五七）陽成
　　　　　├貞固親王
　　　　　└貞平親王

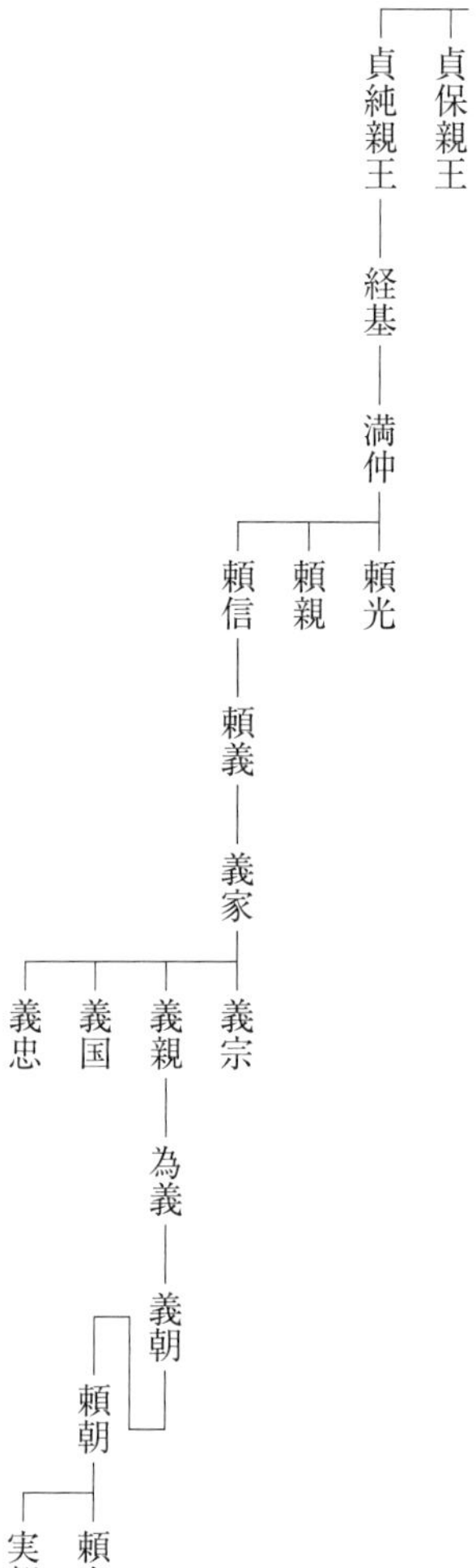

『系図纂要』には、貞観十五年（八七三）三月二十三日に生まれ、延喜十六年四十四歳で死んだとある。没年月日は『尊卑分脈』と一致し、貞観十五年の出生ならば父清和天皇も二十四歳になっているから、六人以上の皇子、皇女があっても不思議ではない。

生まれた月日は『系図纂要』と一致するが、生年で合わないのが、『将門純友東西軍記』である。これには、貞観十六年三月二十三日の生まれとある。

没年である延喜十六年の「十六」が、生年である貞観十五年の「十五」と、混同誤写されたのかも知れない。とすれば生まれた年月日は、貞観十五年三月二十三日が正しいのかも知れない。

しかし、より信憑性の高い『日本紀略』では、延喜十六年五月七日、三十二歳で死んだとある。逆算すると、仁和元年（八八五）の生まれということになる。

没年月日については、『尊卑分脈』、『系図纂要』、『日本紀略』の三書が、延喜十六年五月七日で一致している。しかし、これにも異論がある。『帝王編年記』巻十四は、同年同月四日としているのである。

いったい、貞純親王は、いつ生まれて、いつ死んだのだろうか。

次に気にかかるのは、貞純親王の子経基王のことである。『尊卑分脈』など諸本を総合すると、次のような略系図が考えられる。

神祇伯の棟貞王は、その王号呼称から皇親だったと推定されるが、それ以上のことは不明である。また文徳源氏の能有の生母も、たんに伴氏の娘としか判らない。

いずれにしても経基王の両親は、ともに文徳天皇の孫だったことになる。つまり経基王の体内を流れる血には、帝系の要素がきわめて濃いということになる。ほとんど近親結婚に近いが、平安時代にはあり得ないことではない。

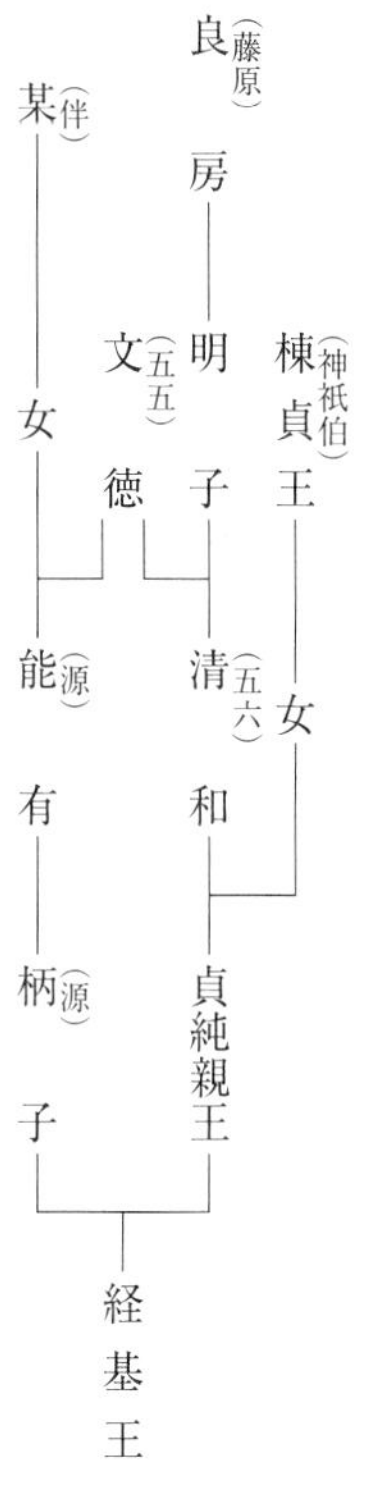

経基王の生没年についても、いくつもの説がある。

『尊卑分脈』には、天徳五年（九六一）十一月四日、四十五歳で死んだとある。しかし天徳五年は二月十六日に応和元年と改元されているから、天徳五年に十一月四日はない。

一応、これを信じて逆算すると、生まれたのは延喜十七年（九一七）ということになる。前述したように父貞純親王の没年は、諸本が一致して延喜十六年としているから、経基王は父が死んだ翌年に生まれたということになる。これまた、ありえないことではない。

『系図纂要』は経基王の生年月日を、寛平九年（八九七）二月十二日としている。『日本紀略』を信ずれば、ときに父貞純親王は十三歳だったことになるから、これは合わない。

しかし、『尊卑分脈』などの諸本に従えば、寛平九年には貞純親王は立派に成人している。しかし、『尊卑分脈』によると、寛平九年六月八日、外祖父の源能有が死んでいる。経基王の出生と能有の死とが、同じ年だったのである。これまた、ありえないことではない。

なお、『系図纂要』は、天徳五年十一月十日、経基王は六十九歳で死んだとある。逆算すると、生まれたのは、寛平五年でなければならない。『系図纂要』での生没年は、それ自体に矛盾がある。

ところで、『勅撰作者部類』には、天徳二年（九五八）十一月二十四日、四十五歳で経基王が死んだとある。逆算すると、延喜十四年（九一四）の生まれということになる。

父貞純親王は晩年だが、まだ生きていた。しかし、後述するように経基王の臣籍降下は、天徳四年か同五年のことだった。死後の臣籍降下は、まず、あり得ないだろう。

経基王の生没年を記したものには、他に「武田文書」と「小笠原系図」がある。前者は経基王の生年月日を寛平五年（八九三）六月十日、没年月日を天慶九年（九四六）十一月二十四日とし、後者は寛平二年（八九〇）二月十二日に生まれ、天徳二年十一月十四日没とする。いずれもあり得ないことではない。

このように経基王については、〝あり得ないことではない〟が多い。それぞれ個々については、まさに〝あり得ないことではない〟のだが、これだけ多く重なってくると、それこそ〝あり得るはずはない〟とも、思われてくる。

経基王が臣籍降下して「源朝臣経基」になった時期も、それである。

『尊卑分脈』と『系図纂要』は、ともに天徳五年（九六一）六月十五日とする。しかし、前述したように改元があったので、天徳五年に六月十五日はない。しかも両書は、経基王の死をともに同年十一月としているのである。

さらに『続群書類従』所収の「源氏系図」は、天徳四年六月十五日とする。また、『将門純友東西軍記』は、天徳二年六月十五日としている。

以上の四書は経基王の臣籍降下した月日を、いずれも六月十五日とした上で、さらに経基王晩年の天徳年間（九五七〜六一）とすることで、一致している。

しかし、『将門記』では、承平八年（九三八）の事件を語るさいに、すでに「介源経基」と記しており、『日本紀略』の天慶三年（九四〇）正月九日条にも、「武蔵介源経基」とし、『本朝世紀』の天慶四年十一月二十九日条にも、「追討凶賊使権少弐源朝臣経基」と見えている。

もちろん、『将門記』以下の書は、いずれも後代の編纂である。だから経基王が源姓で記されているからといって、その時点より以前に臣籍降下していたとは断定はできない。

経基王のことを「六孫王」と呼んだというのも、それである。

これは『将門純友東西軍記』に、

　貞純ハ清和天皇第六ノ皇子ナルユヘニ、経基ヲ六孫王ト号ス。

とあるのが、初見かも知れない。そして『尊卑分脈』に

　六孫王と号す。第六親王の子たるによってなり。

ともある。

つまり父貞純親王が清和天皇の六男で、経基王は、その系統での清和天皇の孫王だから、とくに六孫王と呼んだというのである。この呼称は名誉あるいは誇りに満ちているが、その名誉なり誇りなりは、結局は清和天皇との血縁関係に由来していることになる。

こういうことならば、某天皇の第二皇子の子は、二孫王ということになり、第三皇子の子ならば、三孫王ということになる。つまり二孫王、三孫王あるいは六孫王というのは、ずいぶんとありふれた

呼称ということになる。

しかし、宇多天皇の第六皇子の敦固親王の子宗至・宗城・寛忠の三人の孫王は、ついに六孫王とは呼ばれなかった。また、醍醐天皇の第六皇子である式明親王の子親頼・親繁両王も、六孫王と呼ばれた形跡はない。

「六孫王」と似た呼称としては、桓武天皇の第五皇子だった葛原親王の子高棟王が、わずかに「五孫王」と呼ばれたという。「X孫王」という呼称は、他には類例はない。

それにしても、六孫王という呼称に、何故、名誉なり誇りがあるのだろうか。六孫王の経基王は、いわゆる清和源氏の初代であり、高棟王も臣籍降下して桓武平氏の初代ではあるが、平高棟の系統は、正盛—忠盛—清盛に続くものではない。

いずれにしても貞純親王と経基王については、とにかく謎が多い。

数多い謎のすべてではなかったが、もっとも基本的な部分に照明があてられたのは、明治三十三年（一九〇〇）のことだった。歴史学界の中心的機関誌である『史学雑誌』の第十二編第一号に、著名な歴史学者星野恒氏の「六孫王ハ清和源氏ニ非ザルノ考」という論文が、まさに爆弾のように破裂したのである。

論文の趣旨は簡単だったが、その内容は衝撃的だった。いままで清和源氏であると信じられてきた系統が、実は陽成源氏だったのだと主張されたのである。

つまり、いままで、

清和天皇─┬─陽成天皇──元平親王
　　　　　└─貞純親王──経基──満仲─┬─頼光
　　　　　　　　　　　　　　　　　　└─頼信

と考えられてきた略系図が、実は、

清和天皇─┬─陽成天皇──元平親王──経基──満仲
　　　　　└─貞純親王

だったのだと、星野氏は言われたのである。

もちろん、根拠になる史料はあった。経基の孫にあたる源頼信が、永承元年（一〇四六）、石清水八幡宮に納めた告文《こうぶん》である。同宮祠官の田中家に、九百年にわたって伝存されてきたものだった。長文で漢文体で記されているので、ポイントの部分のみ読み下してみる。

敬《つつし》んで先祖ノ本系を明《あき》らめ奉れば　大菩薩ノ聖躰は、忝けなくも某《それがし》の二十二世の氏祖なり。（私の）先人は新発意《しんぼち》（満仲）、その先きは経基、その先きは元平親王、その先きは陽成《（五七）》天皇、その先きは清和《（五六）》天皇、その先きは文徳《（五五）》天皇、その先きは深草《（五四）》天皇（仁明）、その先きは嵯峨《（五二）》天皇その先きは柏原天皇（五〇）（桓武）、その先きは白壁天皇（四九）（光仁）、その先きは天智天皇（三八）、その先きは施基親王、その先きは舒明天皇（三四）、その先きは敏達天皇（三〇）、その先きは欽明天皇（二九）、その先きは継体天皇（二六）、その先きは彦主王子。八幡宮（一五）ノ五世ノ孫なり。（中略）いわゆる曾祖の陽成天皇は、権現ノ十八代の孫なり。頼信は彼《か》ノ天皇（陽成）の四世の孫なり。

八幡権現大菩薩（応神天皇）から頼信にいたる略系図を、逆に遡って記したものである。この間、白壁天皇の父が施基親王、その父が天智天皇であるが、これが天智天皇と施基親王の関係が逆転しているほかは、間違いはない。

陽成天皇が「権現（応神天皇）」の十八代目の子孫だというのも間違いではないし、彦主王子が「八幡宮（応神天皇）」から五代目だというのも、数字も合っている。

さらに頼信の父満仲が、「多田新発意《しんぼち》」と称していたことも、多くの徴証で裏付けられるし、光仁天皇が「白壁天皇」と呼ばれていたことも、間違いではない。

とすると、「頼信は彼《か》ノ天皇（陽成）の四世の孫なり」というのも間違いではないと思われるし、その世系を「陽成―元平親王―経基―満仲―頼信」とするのも、あながち否定できることでもなさそうである。

そして先述したように、略系図を遡って行って、最初に突き当たった天皇の名を冠して、～源氏とするのだから、今まで清和源氏であると信じられてきた系統は、その実は陽成源氏だったということになる。

清和源氏は、その実、陽成源氏だった。まさに衝撃的な研究発表だった。すぐには学界で承認されなかったのは、あまりにも衝撃的に過ぎたからかも知れない。

しかし、星野氏が証拠として提出された古文書にも、疑問の余地があった。頼信自筆の原文書ではなく、その写しだったのである。

さらに文体にも、問題があった。神に祈請する内容だから〝掛毛《かけまくも》畏幾《かしこき》石清水大菩薩乃《の》広前爾《に》恐美《かしこみ》恐美毛申佐久《かしこみもまうさく》〟というような宣命体であるべきなのに、通常の和風漢文で記されていたのである。

しかし明治四十二年（一九〇九）三月、『大日本古文書』の「石清水文書ノ一」という史料集が発刊されると、この文書は「頼信告文」として収録された。

ただし、「原文ニアラズト雖モ、ソノ紙質、書風、伝説等ヨリ推《お》セバ、蓋《けだ》シ鎌倉時代ノ書写ナラン」と　但し書きが付されていた。疑問の余地は残るが、鎌倉時代の写しであろうとされたのである。

つまりは、いわゆる「清和源氏」＝陽成源氏ということが、だいたいのところ認められたということである。さきに物故された安田元久氏や竹内理三氏も、だいたいは星野氏説に荷担しておられた。

しかし、今となっては、「清和源氏」という語は熟してしまっている。だから本書でも「清和源氏」という語を用いるが、心の中では〝実は陽成源氏〟と思い続けることにする。

それにしても本当は陽成源氏であった系統が、何故、「清和源氏」と信じられてきたのだろうか。

そのように思わせた犯人が、どこかにいたのだろうか。

ここに我々は、先述した陽成天皇の行跡を、思い出してみる必要がある。宮中殺人事件を犯し、世上に「悪君ノ極み」とか「乱国ノ主」などと、陽成天皇は呼ばれたのである。

さらに源平合戦の一場面を、我々は想像してみる必要がある。

「ヤーヤー我れこそは、平安の都を築き、蝦夷征伐で名を挙げた桓武天皇の末の桓武平氏なり」

このような晴れらかな名乗りを平氏一門が挙げたとき、対する頼朝・義経などの源氏一族が、

「ヤーヤー我れこそは、〝乱国ノ主〟とか、〝悪君ノ極み〟とか云われた狂気の陽成天皇の血筋の陽成源氏なり」

と、応ずることができたであろうか。

このような想像をすれば、陽成天皇から代を一代繰り上げて、陽成源氏を「清和源氏」と詐称した犯人は、いわゆる「源氏一族」ということになる。

しかし、だからといって、すぐに頼朝や義経を、詐称の犯人ときめつけることはできない。頼朝や義経が生まれる以前に、世人は陽成源氏を「清和源氏」と誤信していたのである。

十一世紀末葉に成立した『大鏡』に、次のように記されている。

清和大皇（中略）、この御すゑ《（末）》そかし、いまの世に源氏の武者のそう《（将）》は、

また、同じ頃に成立した『今昔物語集』にも、次のような文がある。

左馬頭満仲（中略）、筑前守経基ト云ケル人ノ子也。（中略）水尾《（清和）》天皇ノ近キ御後ナレバ

すでに十一世末葉には、陽成源氏は「清和源氏」と、世間から信じられていたのである。そして自分は陽成源氏であると知っていた頼信は、十一世紀中葉の永承三年（一〇四八）に死んでいる。つまり、陽成源氏が「清和源氏」と世間に誤信されるようになった時期は、十一世紀の後半だったということになる。そのように誤信させた源氏といえば、前九年ノ役（一〇五一〜六二）を戦った頼義、後三年ノ役（一〇八三〜八七）を戦った八幡太郎義家の二人が、まず挙げられる。

ときは、まさに摂関政治から院政への転換期だった。白河院政が開始されたのは、応徳三年（一〇八六）である。そして源氏を重用した摂関政治に対して、白河院政が平氏を重く用いて、源氏を冷遇したことは、よく知られている。

実は陽成源氏だったのに、これを「清和源氏」であると詐称して世間を欺いた犯人は、これで推定が付く。白河院政から冷遇された八幡太郎義家が、院政に重用されている平氏に対抗する必要上、

〝我れこそは、清和源氏なり〟

と自称すると同時に、麾下の将兵や周辺の者たちに、これを信じさせたのであろう。ところで「頼信告文」は、いわゆる「清和源氏」が、実は陽成源氏だったということを、明らかにしたにとどまらなかった。「清和源氏」が八幡信仰を持った理由をも、明らかにしたのである。

ちなみに「清和源氏」が、八幡信仰を持っていたことは、よく知られている。まず頼信は、石清水

八幡宮に告文を捧げた。その子頼義は、相模鎌倉に元八幡を創建し、これを起点として陸奥に向かって五里ごとに、いわゆる五里八幡を創建した、荒川八幡、植田八幡、飯野八幡などが、それである。

その子義家は、石清水八幡にちなんで、八幡太郎と名乗った。さらに頼朝は八幡を移建して、鶴岡八幡宮とした。さらに室町・江戸の両幕府でも、源氏の正統を自負した足利・徳川両氏によって、各地の八幡は厚い保護が加えられている。

そのようなことの理由が、「頼信告文」に示されているのである。武の神は八幡大菩薩であり、その八幡大菩薩の現世への示現が応神天皇であり、その応神天皇の子孫が源氏なのだ。つまり、「大菩薩ノ聖躰は、忝くも某二十二世ノ氏祖」なのだということである。

要するに源氏の八幡信仰は、氏祖信仰ということだった。しかし、その八幡神が、同時に武ノ神だったということから、やがて源平藤橘を問わず、全武士階級の信仰対象になって行くことになる。

「清和源氏」の略史

いわゆる「清和源氏」が実は陽成源氏だったということになると、いわゆる「清和源氏」の歴史も、見直さなくてはなるまい。

第五十七代陽成天皇が、暴逆の天皇だったことは、先述してある。四人の女性との間に、七人の皇子と二人の皇女が生まれている。

そのうち紀氏、伴氏、佐伯氏などの娘が生んだ皇子三人は、すぐに臣籍降下した。主殿頭遠良の娘と皇親の姉子女王が生んだ四皇子と二皇女は、それぞれ親王・内親王となった。

主殿頭遠良の娘が生んだ元平親王は、諸系図では第二皇子とされている。しかし実際には、第三皇子だったらしい。いずれにしても、同母の兄元良親王が寛平二年（八九〇）生まれだったから、それより以降の生まれだったことになる。

三品に叙せられて、弾正尹、式部卿を歴任した。ちなみに弾正尹は弾正台の長官で、風俗の粛正と犯罪の取り締まりを任とした。式部卿は式部省の長官で、文官の考課、選叙、位記、礼儀などが任務だった。しかし、元平親王が生きていた時代には、すでに果たすべき実務はなく、収益だけが得られる職になっていた。

弾正尹は従三位相当の官だから、位田三四町、食封《じきふ》一〇〇戸のほか、季禄として絁《あしぎぬ》一二疋、綿一二屯、布三六端、鍬六〇口《ふり》が、春秋二回ごとに支給される。このとき、時服も、与えられることになっている。

三四町の位田は、一反からの収穫稲を五〇束とし、一反ごとの営料に一二束かかり、租稲が一反あたり一束五把ずつ徴収されるから、これらを控除すると、親王の収入は一万二四一〇束になる。一束から五升の舂得米（玄米）が得られるが、これを白米に換算するには六割が減少すると見て、純益は二四八石二斗ということになる。

食封一〇〇戸というのは、農民一〇〇戸が提供する租の半分と庸・調および仕丁の全部が収入になる。これも莫大な額になる。

季禄の施、綿、布、鍬は、『延喜式』の「主税式」に、

絹一疋	直稲三〇束
綿一屯	三束
調布一端	一五束
庸布一段	九束
鍬一口	三束

とある表によって換算すると、二二三二束になる。これを前述のような計算で白米に換算すると、四四石六斗四升になる。

つまり弾正尹の従三位相当ということで計算すると、白米二九二石八斗三升および食封一〇〇戸分の半租、庸、調、仕丁などが収入になる。これには弾正尹という役職に応じた職田からの収入は、計算に入っていない。

式部卿は正四位下相当の官だから、位田は二四町、食封はないが位禄として絁一〇疋、綿一〇屯、布五〇端、庸布三六〇常が与えられ、季禄として絁八疋、綿八屯、布二二端、鍬四〇口のほか、時服も春秋二回支給される。

弾正尹、式部卿を辞していたときでも、三品の親王だったから、五〇町の位田が与えられる。これも前記の方式で計算すると、白米一三五〇石になる。皇親だから、春秋二度、時服が与えられる。

このほかに、毎月支給される月俸がある。これは「大炊寮式」によると、次のようである。

醬二合、酢四勺、塩四勺、東鰒《あわび》二両、隠岐鰒一両、煮堅魚二分、烏賊《いか》一両、鮭六分隻ノ一、堅魚煎汁《いろり》二勺、雑鮨三両一分二銖、海藻二分、滑海藻四勺

また馬料として、年に二度、一定額の銭が支給されるほか、朝廷での種々の儀式にさいして、さらに糯米、大豆、小豆、醬、塩、堅魚、鮨、鯖、海藻、漬菜、栗、橘などなど、さまざまな食料品が支給されるばかりか、資人、事力、随身などの名目で、警固や雑務のための人々も与えられる。

官職についても実務は伴わず、これだけの待遇が受けられたのである。経済的にも充分すぎるほどであり、社会的な体面も保てるものだった。

なに不自由ない生活を送ったに違いない元平親王は、また、なに一つ逸話らしいものも残さなかった。

没年は『日本紀略』では天徳二年五月二十三日、『本朝皇胤紹運録』では同年同月二十日、そして『系図纂要』では天徳三年五月二十五日と記されている。

同母兄の元長親王が生まれたのは寛平二年だから、死んだときは六十代後半だったと思われる。事蹟、居所、墓所などは、まったく判らない。

元平親王の長男として生まれたのが、経基王だったらしい。生年に数説あることは、先述してある。いずれにしても承平八年（九三八）、武蔵介に任じられて、任国に赴任した。『将門記』では、すでに「源経基」とある。しかし、臣籍降下していたかどうか、定かではない。

武蔵国では、国衙《こくが》から離れた箕田郷に営所を構えた。いまの鴻巣市大間《おおま》の大間公園と県立鴻巣高校の附近は〝城山〟と呼ばれ、その一隅に「六孫王経基城址」という石碑がたち、周囲は県指定の史跡になっている。土塁と空濠の痕跡が、いまも残存している。

所在の豪族平将門と紛争を起こし、京都に逃げ帰ったのは、その直後のことである。

「介ノ経基、いまだ兵ノ道に練れず」

と『将門記』で評されたが、

〝将門、謀叛の兆あり〟

と朝廷に報告したのが、直後に事実となったので、やがて『尊卑分脈』に、

「天性、弓馬に達し、武略に長ず」

と書かれることになる。

直後、経基は将門追討軍の副将に任じられたが、〝天性の弓馬や武略〟を用いる必要はなかった。経基が東国に到着する前に、将門が戦死したからである。

続けて純友追討軍の副将に任じられたが、ここでも経基は、〝天性の弓馬や武略〟を彰《あら》わすことはなかった。経基が現地に到着したときには、すでに純友の乱は終わっていたのである。このときの経基の功としては、純友の残党桑原生行を、豊後で捕えたことだけだった。

以後、経基は、下野、上野、上総などの介から、信濃、伊与、武蔵、美濃、筑後、但馬などの国司を歴任した。この時代、国司を一期、半期勤め上げれば、生涯喰うに困らないとされている。その国司の職をいくつも歴任したのだから、いかに経基が富裕だったか、想像もつかない。

京都の西八条に邸があり、その庭の池には、八尺の竜が棲んでいたと、『尊卑分脈』に記されているが、これは彼の巨富の程を示している。

ちなみに彼の邸が西八条にあったということは、かなり注目される。近くの鳥羽口は京都七口の一

つで、西海道に通じていたからである。経基の目は東国にではなく、西国に注がれていたのかも知れない。そう言えば彼が歴任した国司のうちには、伊与や筑前などもあり、大宰大弐になったこともある。

彼の死後、西八条の地に遍照心院が建立された。さらに、のち西国の覇者となった平清盛は、ほぼ同じ西八条に館を構えた。そしていま、その地には六孫王神社がある。南区八条町である。

源経基の嫡男満仲は、延喜十二年（九一二）四月十日に生まれた。幼名は明王丸。

生母については、説が多い。武蔵守橘繁古の娘、あるいは武蔵守橘繁藤の娘、あるいは武蔵守藤原敦有の娘、あるいは武蔵守藤原敏有の娘などである。いずれも武蔵守だった者の娘という点で、一致している。

早くから官途についたようで、武蔵掾、東宮帯刀、右馬允などから、上総、常陸、武蔵などの介を経て、武蔵、摂津、越前、美濃、信濃、伊与、伊勢、陸奥、下野などの国司を歴任し、東宮亮、兵部少輔、左馬権頭、左馬頭、治部大輔などの京官にも任じられ、鎮守府将軍にも就任している。

ちなみに、この時期、京都政界の要職はもちろん、地方諸国の受領などにいたるまで、藤原氏北家が独占していた。摂関政治が成立していたのである。

そのような時期に、これだけの京官や外官を、満仲は歴任したのである。父経基から受け継いだ巨富や血統のほかに、摂関家との親密な間柄があったからだった。

後代の書であるが、『前賢故実』に、次のような文があった。

王公以下、みな器を重んじ、朝廷は頼るにもって爪牙となす。

この時期における「王公」も「朝廷」も、つまりは摂関家というに等しい。つまりは満仲は、摂関家の「爪牙」、つまり傭兵になっていたということである。

もちろん満仲が、武略に長じていなければ、「爪牙」にもなれなかっただろう。大江匡房が著わした『続本朝往生伝』には、次のように記されている。

武士は、すなわち満仲、満正（満政）で平維衡、致頼（平）、頼光、みなこれ天下ノ一物なり。

この時期の武士のベスト五の筆頭に挙げられていただけではなく、弟の満政、嫡男の頼光までが、その五人のうちに算《かぞ》えられていたのである。

だから天徳四年（九六〇）十月二日、〝平将門の遺児、秘かに京洛に潜入せり〟という情報が入ったとき、検非違使でもなかった満仲に、その追捕が命じられている。

その翌年の応和元年（九六一）五月十日の深夜、またも満仲は、勇名を轟かせた。自邸に押し入ってきた群盗に反撃して、その一人を生け捕ったのである。賊の首領は醍醐源氏の親繁王だったと、『扶桑略記』や『古事談』に記されている。

満仲が摂関家の伊尹《これただ》・兼通・兼家の三兄弟に対して最大の功を樹てたのは、安和二年（九六九）三月二十五日だった。三兄弟の政敵だった醍醐源氏の左大臣源高明に、謀叛の企図ありと訴えて出たのである。いわゆる安和ノ変である。

結果、高明は大宰府に流された。藤原氏北家による政権の独占は、ますます確固たるものとなった。同時に満仲の摂関家の爪牙としての地位も、ますます強固なものとなった。

それだけではなかった。したたかな満仲は、主の摂関家の政敵だった高明を訴えて出たとき、同時に東国における自分のライバルだった藤原千晴・久頼父子をも、その与党であると訴えて出て、父子を葬り去ったのである。ちなみに千晴は、将門の乱を鎮定した藤原秀郷の子で、満仲と東国での覇権を争っていた相手だった。

摂関家に対する満仲の忠勤は、まだまだ続いた。寛和二年（九八六）六月二十三日の夜、藤原兼家の子通兼が、邪魔な花山天皇を欺して宮中から誘い出し、ついに退位させている。このとき、道中を秘かに警固していたのは、満仲麾下の武士たちだった。

この前後の頃、摂津守として摂津に下った満仲は、同国河辺郡大神《おおむち》郷多田（川西市多田）に多田院を構えて移り住み、多田満仲と称した。

いわゆる多田荘である。四方を山に囲まれた盆地で、しかも猪名川を経て大坂湾に通じ、しかも広大な水田に恵まれており、さらに砂金も採れたという。

京都では摂関家の爪牙でしかなかった満仲も、この多田荘という独立した境地にあっては、完全なまでの独裁者だった。館の周囲を武装した郎等数百人が警固し、咎《とが》ある荘民は簡単に誅殺し、軽罪の者でも手足を断ったりしたという。

このような満仲の日常生活を憂いたのは、満仲の末子源賢法師だった。やがて師の恵心僧都源信を多田館に請じて、父に説法してもらったのである。

『往生要集』の著者でもある高僧源信の説法は、破戒無慚な満仲の胸を打った。たちまちに発心した満仲は、その場で出家を遂げた。寛和二年（九八六）八月十五日のことだった。

これより以降、満仲は多田新発意《しんぼち》と呼ばれることになる。あらたに発心して仏門に入った人という意味である。このとき、永年の郎等五十余人も、同時に出家したと、『今昔物語集』に記されている。

長徳三年（九九七）、満仲は八十六歳で死んだ。

満仲の嫡男頼光の生母は、嵯峨源氏の近江守源俊《とし》の娘だった。だから頼光は、二重に皇系だったことになる。ほぼ十ヶ国の国司を歴任したのも、父祖と同様だった。父祖三代の国司歴任のため、頼光の巨富の程は大きかった。その巨富を利として、頼光も摂関家に仕えた。

寛仁二年（一〇一八）六月二十七日、二年がかりの工事を終えて、摂政藤原道長の上東門邸が竣工した。しかし世人が目を見張ったのは、道長の新邸の豪華さではなかった。頼光が上東門邸の家具調度から衣裳にいたるまでを、洩れなく献上したことだった。

このとき、小野宮右大臣実資は、

屛風二十帖　几帳二十基　厨子　剣　鏡　銀器　皿　小鉢　炭櫃　炭取　桶　箒

などなど、頼光が献上した品物を、約六百字にわたって書き連ねている。

大江匡房が挙げた当代の武士ベスト五にも、頼光の名があったことは先述してある。しかし頼光が武名を轟かせたことは、ついになかった。

俗に「頼光ノ四天王」と謳われた渡辺綱・卜部季武・碓氷貞光・坂田金時などを率いて、大江山の酒吞童子という山賊を倒したというのは、もちろん後世のお伽噺である。

結局、源頼光は藤原道長の爪牙であり、宮廷武家の一人だった。しかし頼光から以降の「清和源氏」が、「頼」という字を代々の通字にしたことは、注目すべきである。その子孫は血統的には源氏の嫡流ということで、のちに多田行綱、源三位入道頼政、さらに下って明智光秀などが現れる。

この系統の苗字には、次のようなものがある。

多田、深津（深栖）、溝杭、井上、小野、能勢（野瀬、野世）、倉垣、馬場、太田、伊豆、山県、大内、大河内、河内、高田、小国、大中川、小中川、小船津、久島、福島、滝口、松崎、堀、尾塞、坂田、飯倉、飛騨瀬、野太（野田）、粟野、神門、蜂屋、上有知、落合、清水、神野、平野、田尻、土岐、明智（明知　明地）、高井、浅野、三栗、深沢、猿子、萩原、饗庭、八居、船木、福光、墨俣（洲俣）、揖斐、島田、稲木、池田、鷲巣（鷲津）、萱津、今岑（今峰）

頼光の三弟頼信の生母は、陸奥守藤原致忠の娘だった。つまり頼光と頼信とは、異母の兄弟だったことになる。

当時の風習に従って、頼信の結婚は早かった。永延二年（九八八）には、すでに嫡男頼義が生まれている。頼信は安和元年（九六八）の生まれだから、二十一歳で父になったことになる。

頼信の妻修理命婦《すりのみょうぶ》は、『古事談』によると、「宮仕えノ者」だった。淫風吹きむせぶ宮中の女官だったのである。

その影響もあったのか、頼信との間に嫡男頼義を生んだ後、修理命婦は他の男との間に、兼武という子を生んでいる。

兄頼光と同様、頼信も藤原道長に仕えた。『小右記』の寛仁三年（一〇一九）七月八日条に、「頼信は入道殿《(道長)》ノ近習の者なり」とある。

兄頼光は藤原道長に仕えて、宮廷武家の途を歩んでいた。そして頼信も道長に仕えてはいたが、まったく違った途に進もうとした。東国武門の棟梁に、なろうとしたのである。妻の不貞が、その原因だったかも知れない。

東国武門の棟梁を目指した頼信は、きわめて計画的だった。兄頼光の郎等だった平忠通を、いつの間にかスカウトしていたのは、その一例である。忠通と同様に東国の住人だった平忠常も、やはり頼信の郎等になっていた。

そして長元元年（一〇二八）、その平忠常ノ乱が起こった。追討使となった平直方は、二年間も戦って忠常を鎮定できず、ついに同三年、追討使を罷免された。

かわって追討使に任じられたのは、頼信だった。直方に対しては執拗なまでに抵抗した忠常も、主の頼信が追討使になると、まるであっけなかった。一戦にも及ばず、降伏して出たのである。頼信の武名が、一挙にあがった。

面目を失った平直方は、娘を頼信の嫡男頼義に嫁《とつ》がせた。やがて若夫婦の間に不動丸（のちの八幡太郎義家）が生まれると、それまで自分の東国での根拠地だった相模鎌倉郡を、娘婿の頼義に譲った。

のちのちのことから見ると、これは大きな事件だった。平将門・平忠常などが乱を起こしたように、これまで東国は平氏の勢力圏だった。それが平直方が源頼義に鎌倉を譲ってから、東国は源氏の勢力圏に一変したのである。

なお、平直方から五代目が、北条時政である。その時政の娘政子が嫁いだのは、これまた頼義から五代目の源義朝の子、頼朝だった。まさに〝歴史は繰り返す〟ということだろうか。

宮廷武家ではなく東国武門の棟梁を目指したのは頼信だったが、これにほぼ成功したのは、嫡男頼義だったかも知れない。

この時期にあって、とくに頼義は異色の人物だった。その特異な性格を示す挿話は、『今昔物語集』や『古事談』などに詳しい。

とにかく馬好きだった。愛馬の命日には、とくに法事まで営んだという。

これと反対だったのは、生母の修理命婦に対する態度だった。子である頼義の方から生母を義絶して、その忌日にも法事をしなかったのである。

父頼信を裏切って不貞を働いた生母を、頼義はついに許さなかったのである。潔癖なまでに、頼義は清潔だったのである。この時代には珍しく、頼義の三人の男子は、同母の兄弟であった。平直方の娘である。

頼義が仕えたのが、小一条院敦明親王だったということも、頼義の人となりを示している。ときの権力者藤原道長に忌まれて、逼塞していた小一条院に仕えたのである。

ちなみに小一条院は、狩りは好きだったが、生来の弱弓だった。すると頼義は小一条院の供をして狩りに出るとき、これに配慮して自分も弱弓を持って出たという。

いずれにしても頼義は、人間としては清潔で立派だった。しかし武人としては、立派どころではなかった。六十代になっても武人としての血は、なおも熾烈だった。

すでに父頼信・義父平直方から受け継いだ東国に、頼義は強固な覇権を樹立していた。逢坂関から以東の武勇の士は、大半が頼義の指揮に従っていた。

東国を我が物とした頼義が目をつけたのは、その奥に広がる広大な陸奥国だった。東国に打ち立てた覇権を、陸奥にも及ぼそうと図ったのである。まさに隴《ろう》を得て、蜀を望んだのである。

永承六年（一〇五一）、陸奥守に就任した頼義は、勇躍して任国に赴任した。俘囚の長安倍頼良を挑発して、合戦に持ち込もうと図ったのである。

しかし安倍氏は、いっかな挑発に乗ろうとはしなかった。それどころか自分の名の「頼良」が、国司の「頼義」と読みが同じだと知ると、すぐに頼時と改名したほどだった。

しかし、とにかく戦うと決意している頼義に対して、いつまでも安倍氏が安穏でいられるはずはなかった。ついに天喜四年（一〇五六）、安倍氏は頼義の挑発に乗った。前九年ノ合戦は、こうして始まった。

しかし窮鼠は、案外に強かった。かえって猫のほうが、咬まれそうだった。開戦劈頭、衣川関を占領されたのは、まさに痛かった。奥六郡に侵攻することすら、頼義軍にはできなかったのである。

そして数年がたった。頼義軍の敗色は、まだ濃厚だった。やがて意を決した頼義は、出羽の俘囚ノ長清原武則の援けを乞うた。そして康平五年（一〇六二）九月、ようやく安倍氏は滅亡した。

前九年ノ合戦は、やっと終結した。しかし陸奥国は、源氏のものにはならなかった。出羽国から援軍に来た清原氏に、併呑されてしまったのである。源氏にとっては、鳶に油揚げをさらわれたの観があった。

こうして陸奥制圧という頼義の野望は、ついに果たされずにしまった。しかし源氏は、挫《くじ》けることはなかった。頼義の野望は宿題として、嫡男八幡太郎義家に受け継がれたのである。

その義家が陸奥守兼鎮守府将軍となって任国に着任したのは、永保三年（一〇八三）九月だった。前九年合戦終結から、実に二十一年目であった。

前九年合戦終結のとき、義家は二十四歳だった。その若さで、貞任・宗任ら安倍兄弟と激闘したのである。そして激闘の末の果実を清原氏にさらわれたことは、苦い想い出となって義家の胸に秘められていた。

このような義家が、いま乗り込んできたのである。騒動にならないわけはなかった。そし虎視眈々と隙を窺う義家に対して、清原一族は内紛を生じて隙をさらけ出し、いとも簡単に開戦の口実を義家に与えたのである。

こうして合戦が起こったが、今度も簡単には済まなかった。激闘を展開すること、実に三年を要したのである。いわゆる後三年ノ合戦である。

その上、結果も芳しくはなかった。戦後の果実は、またしても源氏の手には入らなかったのである。この合戦の間に、藤原清衡が奥州藤原氏四代の基礎固めをしていたのだった。

こうして陸奥制圧という頼義が抱いた野望は、その子義家にも果たされずに、その後の源氏に宿題として残った。やがて文治五年（一一八九）、ようやく頼朝の奥州征伐によって宿題は果たされることになる。

それにしても義家軍が陸奥国で激闘を展開していたとき、もっと悪いことが京都で起こっていた。後三年合戦終結の前年である応徳三年（一〇八六）十一月、第七十二代白河天皇は堀河天皇に譲位して、白河院政を開始していたのである。

ちなみに藤原氏による摂関政治は、その爪牙として源氏を重用した。だから源家は諸国の国司などを歴任して、経済力と軍事力とを強化してこられた。

しかし摂関政治と本質的に対立する院政が、源家を厚遇するはずはなかった。

後三年合戦を終えて義家が京都に凱旋しようとしたとき、早くも白河院政からの圧迫が、義家に対してなされた。後三年合戦を私闘であると断じて、恩賞は与えないと通告されたのである。

清原一族の首を路傍に投げ棄てて帰京した義家は、止むを得ず、私費で麾下の将兵に行賞した。そのため義家の人気は、かえって上がることになった。

直後、東国の小領主からの荘園寄進が、義家に集中した。主君と恃《たの》むのなら義家こそと信頼された証拠だった。しかし直後の寛治五年（一〇九一）六月十二日、義家への荘園寄進は、白河院政によって禁止された。

続けて翌六年五月十二日、義家自身が立荘することまで、白河院政は禁止した。政治的に対立する摂関政治の爪牙である源氏を、白河院政はどこまでも許せなかったのである。

理不尽なまでの白河院政からの抑圧を、いま我々は〝白河院政ノ黒い手〟と呼ぶことができる。そして、その黒い手は、やがて義家の後嗣たるべき次男義親の上にも及んだ。東国の覇者たる源氏の御曹司が、西方辺境の対馬の国司に任じられたのである。

その直後、なにが対馬で起こったのか、判然とはしない。いずれにしても義親は、謀叛人とされて討伐されることになった。しかも、あろうことか義親討伐の任が、その父義家に下った。これこそ、明らかに〝白河院政ノ黒い手〟だった。しかし幸か不幸か、父子相撃の悲劇は起こらなかった。直後の嘉承元年（一一〇六）七月、義家が死んだのである。

かわって義親追討の任を与えられたのは、桓武平氏の平正盛だった。義親が暴れていたという出雲に向かった正盛は、ほどなく義親の首を持って帰京した。しかし正盛の帰京よりも先に、正盛への行賞のことを、白河院政は決定していた。

ところで、……

この事件は、やがて康和ノ乱と呼ばれることになる。そしてこの事件ほど奇怪な事件は、ほかにはない。

平正盛が京都を出撃したのは、嘉承二年（一一〇七）十二月十九日だった。そして義親を討ち取ったという報告が京都に到着したのは、翌年正月十九日だった。その間、ちょうど三十日である。

ちなみに京都と出雲国府（松江市大草町）との間は、大急ぎで突っ走る飛脚便で、早くて五日、遅ければ四十日もかかる。

この距離を正盛は軍勢を率いて下向し、義親軍と戦ってこれを討ち破り、さらに戦勝の報告を京都に到着させるのに、わずか三十日しか要さなかったのである。不思議というほかはない。

その故《せい》かどうか、

〝我れこそは義親なり〟

と名乗る者が、以後、数回も現れる。正盛が京都に持ち帰った「義親ノ首」が、偽首ではなかったという証拠はまったく無い。

いずれにしても源家に辛くあたる白河院政は、平氏に対してはきわめて甘かった。戦功の程も調べず首実検もせず、正盛の帰京も待たずに行賞を論じたのは、その一証である。

こうして康和ノ乱をきっかけとして、正盛、忠盛、清盛と、桓武平氏は政界にのしあがって行く。摂関政治が源氏を重用したのに対し、白河院政は平氏を重用したのである。

ちなみに義家には、六人の息子があった。しかし長男の義宗は早世したので、次男の義親が後嗣ときまっていたが、康和ノ乱を起こしてしまったのである。こうして源氏の後嗣は、三男義国になるはずだったが、この前後の頃、叔父新羅三郎義光と常陸で私闘していたので、これも後嗣にはならなかった。

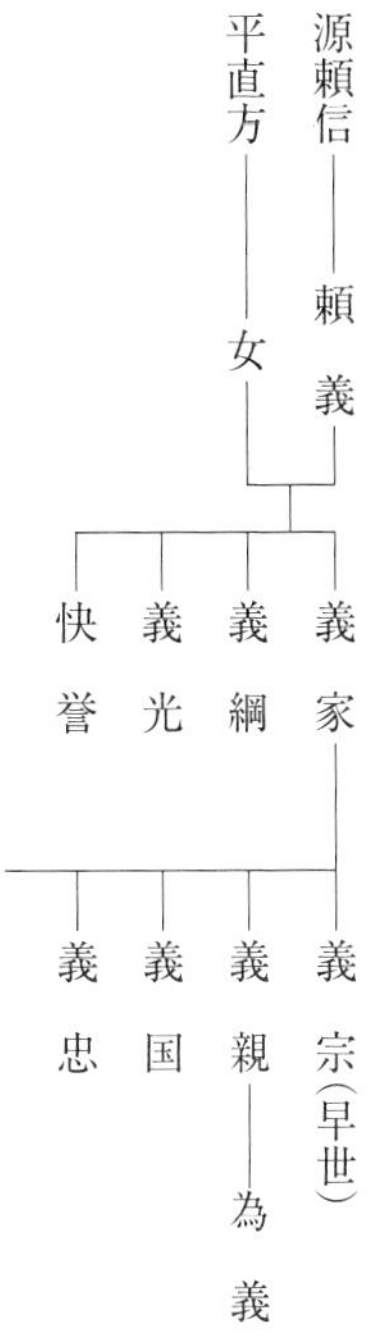

┌義　時（石川源氏）
└義　隆（森）

ちなみに常陸での私闘にも、白河院政ノ黒い手が動いていはいなかったとは、断定はできない。いずれにしても義国の末が、新田・足利両統に分立して、やがて南北朝内乱を戦うことになる。

とにかく兄三人に、それぞれの事情があったので、結局、義家の跡は四男義忠が嗣立した。ところが天仁二年（一一〇九）二月三日、事件が起こった。源家の新しい棟梁義忠が、何者かに暗殺されたのである。源家の家督は、義親の遺児為義が義忠の養子ということで、ようやく嗣立した。

直後、京都の市中に、

〝義忠暗殺の黒幕は、義家の次弟賀茂次郎義綱〟

という噂が飛びかった。

怖れた義綱一族は、近江甲賀山中に逃げ入った。しかし、白河院政の命を受けた為義軍が、これを追った。

甲賀山中での激闘に敗れて、義綱の息子たちは自刃して果てた。義綱自身は降伏して出たが、やがて佐渡に流されて死んだ。源氏の有力な一翼だった義綱一族は、こうして断絶した。

しばらくたってから、真相が世上に洩れた。義忠暗殺の真の黒幕は、義家の三弟新羅三郎義光だった。常陸の所領から呼び出した郎等鹿島三郎に、義忠を殺させたのである。首尾を遂げて鹿島三郎が帰ってくると、義光は一通の書状を持たせて、鹿島三郎を三井寺に行かせた。三井寺で鹿島三郎を待っていたのは、義家の四弟の快誉上人だった。

「鹿島三郎を殺せ」

と書いてある義光の書状を読むと、すぐに快誉上人は鹿島三郎を生き埋めにして殺した。もちろん口封じのためだった。

〝義忠暗殺の黒幕は、義家の次弟賀茂次郎義綱なり〟

と、嘘の噂をバラ蒔《ま》いたのも、新羅三郎義光だった。そして義綱一族を近江甲賀山に逃がしたのも、義光だった。近江甲賀山は、義光の所領だった。

さらに義綱一族が甲賀山中に隠れると、これを密告して出たのも、義光だった。のちに〝源家ノ内紛〟と呼ばれることになるこの事件は、すべて義光が仕組んだことだったのである。

しかし、……

現代の目で真相を見ると、さらに奥深いものが見えてくるようである。とにかく事件後に真相が判明して、義光が黒幕だったということは、世上に知れわたったのである。それでも義光の身に、変わりはなかった。処罰は受けなかったのである。何故か。

義光が動いたのは、白河院政の密命によってだと考えると、その〝何故か〟がうなずける。やはり〝白河院政ノ黒い手〟は、ここにも動いていたのかも知れない。

大治二年（一一二七）十月二十日、八十三歳で義光は死んだ。「大往生ノ人なり」と、『尊卑分脈』は記している。悪い奴ほど、よく眠るのかも知れない。子孫には、武田、小笠原、佐竹などがある。

ところで、……

義忠の跡を嗣立したとき、為義は十四歳だった。だから甲賀山中で義綱一族と戦ったとき、首将としての為義は、まさに名目だけの存在だった。実際に戦ったのは、義家以来の源家の郎等たちだった。甲賀山合戦の後、為義は従六位相当の左衛門尉に任じられた。十四歳の少年の身には、破格のことと言えるかも知れない。

しかし、それまでだった。以降の三十六年間、為義に昇進はなかった。十八歳のとき、検非違使に任じられたと、『平家物語』には見える。しかし確実な史料によれば、それは久安二年（一一四六）のこと、五十歳のときだった。

まさに屈辱の三十六年間だった。この間の大治四年（一一二九）七月七日、白河法皇が死んで、鳥羽院政が始まっていた。しかし所詮は、院政だった。摂関政治と対立するという基本の性質にはかわりはなく、相変わらず源氏に対しては黒い手を使ったのである。

ちなみに為義が生まれたのは、永長元年（一〇九六）だった。奇しくも同年に、平忠盛も生まれている。まったく同年齢の二人を対比すると、源平両氏にとって鳥羽院政は何だったのかが、理解できそうに思われる。

いずれにしても仁平三年（一一五三）正月十五日、五十八歳で平忠盛が死んだとき、忠盛は正四位上の刑部卿で、院の昇殿も許されていた。それから三年後の保元元年（一一五六）八月三日、為義が嫡男義朝に斬首されたとき、彼は従五位下の前検非違使というだけだった。

もちろん屈辱の三十六年間、為義は黙って耐えていたわけではなかった。除目があるごとに、名乗りを上げていたのである。しかしそのつど、鳥羽院政は屁理屈で、為義の申請を斥けた。

「曾祖父頼義の例にまかせて伊与守を」

という為義の願いには、鳥羽院政は、

「地下《じげ》の左衛門尉より与州拝任の例なし」

と答えた。

「先祖の由緒ある陸奥守をこそ」

という願いには、

「前九年、後三年両合戦の先例あり。汝が家には、陸奥守は不吉なり」

という答えが戻ってきた。

上り坂の平氏と絶望的な競争をしていた為義の前に、さらに強力な競争相手が現れたのは、久安元年（一一四五）頃だったらしい。東国の地盤を預けておいた嫡男義朝が、二十四歳に成長して上洛してきたのである。

ちなみに為義は、愚直なまでに摂関家の忠実・頼長父子に従順だった。源家歴代の主君は、摂関家だったからである。

しかし少壮の義朝は、時勢をよく見ていた。古くからの行き掛かりを捨てて、鳥羽院政に仕えたのである。

その結果は、すぐに現れた。右兵衛尉、左馬允、左衛門少尉、兵部少輔等々を歴任した義朝は、ついに仁平三年（一一五三）三月の除目で、従五位上の下野守に昇任したのである。万年従五位下の父為義を、位階では一段ほど追い抜いていた。

このような義朝の急速な立身を、義朝の読みがあたったから、とのみは言えない。為義・義朝父子を離間しようという、鳥羽院政の黒い手だったのかも知れない。

とにかく各氏の内部を離間させるのは、白河・鳥羽両院政の特性のようだった。摂関家、源氏、平氏など、父子、兄弟、叔甥の間を割って対立させたのである。挙句の果てに、天皇家までが分裂した。天皇家では、崇徳上皇と後白河天皇が対立した。摂関家では、忠実・頼長父子と忠通とが対立した。平氏では、叔父忠正と甥清盛とが対立した。そして源家では、為義・義朝父子の間に、対立が生じていた。

対立したそれぞれは、族外のそれぞれと結び付いた。忠実・頼長父子が崇徳上皇と結んだので、為義は崇徳上皇側になった。そして義朝は、忠通を通じて後白河天皇方になった。

こうしてそれぞれの対立は、やがて崇徳上皇側と後白河天皇方とに、大きく収斂されて行った。京都朝廷自体が、大きく二つの派閥に分裂して対立したのである。

この対立が火を噴いたのは、保元元年（一一五六）七月十一日の夜だった。京都の市中で、武力をもって激突したのである。保元ノ乱である。

激突の時間は、短かった。わずか数刻で、決着がついたのである。後白河天皇方の大勝利だった。義朝が献策実施した夜討ちが、功を奏したのだった。

乱後に、悲劇が生じた。辛うじて戦場を脱出した為義が、逃れられぬと悟って、義朝の許に自首投降して出たのである。

対立はしていても、所詮は父子の仲である。

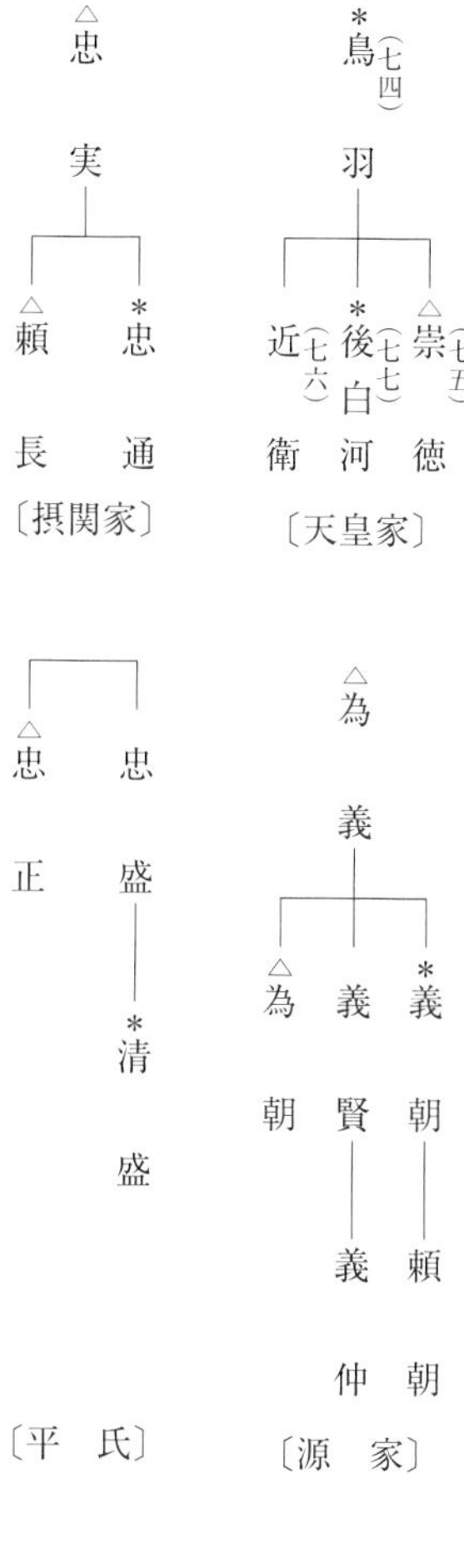

△は崇徳上皇方、＊印は後白河天皇方

「戦功の賞にかえても」

と、義朝は父為義の助命を必死に願い出た。それも、一度や二度ではなかった。

しかし後白河天皇と側近の信西は、さらに強硬だった。義朝の為義助命の嘆願は拒絶された上に、義朝自身の手で為義の斬首執行を強く迫ったのである。

やがて京都の北郊船岡山に曳き出された為義は、義朝麾下の相模武士、波多野義通に斬られた。義朝の心中に、〝信西憎し〟ということが胚胎した。

そして三年後の平治元年（一一五九）十二月九日の夜、また事件が起こった。藤原信頼と組んだ義朝が、京都朝廷を軍事占領して、信西の首を斬ったのである。事実の上での親の仇は討ったし、緒戦の勝利は大きかった。

しかし、直後の同十七日の夜、熊野参詣に行っていた平清盛が、秘かに帰京した。そして同二十五日の夜、反撃に出た。後白河上皇や二条天皇などの身柄は、事前に秘かに平氏勢に盗まれていた。

こうして合戦に敗れた義朝は、戦場を脱出して東国に向かった。しかし尾張野間内海荘（美浜町、南知多町）まで落ちのびたとき、悲劇が生じた。麾下の長田忠致に欺かれて、風呂のなかで殺されたのである。

それからの二十年間は、まさに平氏の全盛だった。平清盛は内大臣を経て太政大臣にまで昇り、京都政界の要職は、みな平氏一門の独占に帰した。

「平氏にあらずんば、人にあらず」

清盛の義弟平大納言時忠が、このように豪語したのは、この頃であった。平氏一門が油断していることを、如実に示した語でもあった。

そして治承四年（一一八〇）八月十七日、義朝の遺児頼朝が、伊豆で挙兵した。平治ノ乱後に伊豆に配流された少年頼朝も、すでに三十四歳になっていた。

やがて源家の故地鎌倉に入った頼朝は、治承四年十二月十二日の亥ノ刻（午後十時）、浄闇のなか大蔵卿の新邸に入った。鎌倉幕府の成立であり、東国独立政権誕生の宣言だった。しかしなお、源平合戦は始まったばかりだった。

五年に及ぶ源平合戦の前半の頃、頼朝が当面した敵は、京都の平氏ではなかった。常陸源氏の佐竹秀義と信太《しだ》義広、甲斐源氏の武田信義、上野源氏の新田義重、そして信濃源氏の木曾義仲らだった。最初から平氏に臣従していた新田義重を別にすれば、他はすべて、平氏を敵としていた。しかしいずれとも、協力関係を結ぶことはできなかった。誰が源家の棟梁になるか、たがいに覇権を争っていたからである。

もうひとつ別の敵が、頼朝にはあった。麾下の東国武士たちである。それなりに独立心が強くて、素直に頼朝に従おうとはしなかったのである。

このような難問を、ひとつひとつ頼朝は片付けて行った。頼朝と張り合った同族は、あるいは武力で倒され、あるいは家臣の列に下された。独立心の強い傲岸不遜の東国武士は、あるいは頼朝に誅殺され、あるいは頼朝の権威に拝跪させられた。

こうして頼朝は、自分を頂点とした御家人制度を、東国に樹立して行った。一ノ谷、屋島、壇ノ浦と進んで源平合戦が終結したとき、頼朝の御家人制度に危機が訪れた。弟の義経が弟であることを主張して、頼朝の御家人になることを拒絶したのである。

その間隙に、後白河法皇が乗じた。義経を院政の支配下に入れて、頼朝に対抗させようと図ったのである。ここにも院政の黒い手が、まだ働いていた。

頼朝追討の院宣を得た義経は、すぐに頼朝追討の軍勢の糾合を図った。しかし頼朝の御家人制度は、すでに確立しかかっていた。義経の軍勢糾合に応ずるものは、まさに皆無だったのである。

万策尽きた義経は、大物浜、吉野、京都と潜行した挙句、奥州藤原氏の許に逃れ入った。やがて奥州藤原泰衡は、義経の首を鎌倉に届けたが、すでに遅かった。頼義・義家の前九年・後三年両合戦以来の宿題は、文治五年（一一八九）、ついに頼朝が果たした。

ちなみに頼朝より以前の源家の主従関係は、主・従ともに一代限りのものだった。もちろん譜代相伝の主従関係もあったが、これは例外的なものだった。

これに対して頼朝が確立しようとした御家人制度は、主・従ともに永続性のあるものを狙っていた。しかし、これが確立するには、年月が必要だった。主・従ともに、いく度かの代替わりがなければならなかったのである。

また、独立心の強い東国武士たちも、頼朝の実力の前には、ただひれ伏すしかなかった。しかし正治元年（一一九九）正月十三日、頼朝が死んで、坊っちゃん育ちの長男頼家が二代将軍を嗣立すると、東国武士の傲岸不遜が爆発した。梶原景時、比企能員などの功臣が相次いで倒れ、やがて頼家は伊豆修禅寺で死んだ。

三代将軍を嗣立した次男実朝も、父頼朝の偉大さは継承しなかった。京都文化にあこがれて京都から妻を迎えたくらいならまだしも、和歌ばかり詠んで『金槐集』を作るなど、鎌倉幕政への貢献度は、きわめて低かった。

それでも実朝の治世は、十七年間も続いた。頼朝政治の忠実な弟子だった北条義時が、必死に補佐したからだった。

しかし承久元年（一二一九）正月二十七日の戌ノ刻（午後八時）、ついに惨劇が起こった。鶴岡八幡宮の社頭で、実朝が暗殺されたのである。実朝を襲った頼家の遺児公暁も、直後に殺された。

鎌倉幕府の源氏将軍家は、三代で断絶した。鎌倉幕政の実権は、桓武平氏直方流の北条氏が掌握した。

そして元弘三年（一三三三）五月二十二日、その鎌倉幕府も倒れると、清和源氏傍系の新田・足利両氏が、覇権を争うことになる。南北朝内乱である。

源平交替説

平将門ノ乱、平忠常ノ乱などが示すように、もともと東国は平氏のものだった。ところが頼信・頼義より以降、東国の覇者は源家だった。

保元・平治ノ両乱で源家の勢力が凋落すると、千葉・上総・三浦・畠山・北条などの群雄が、東国に乱立した。いずれも血統的には、平姓だった。

ところが源頼朝が鎌倉幕府を樹立すると、ふたたび東国は源家のものになった。しかし源家将軍が三代で断絶すると、北条家（平姓）の時代になった。

これを倒した新田・足利両家は、源姓だった。そして足利家がたてた鎌倉公方府は、やがて小田原北条家（平姓）にとってかわられたが、やがて新田流の源家と自称した徳川家が、江戸幕府をたてている。

明らかに東国の覇権は、源平両姓が交替で握っている。これを中央政界での動きで見ても、ほぼ同じことが言える。

京都で摂関政治の華が咲き誇っていた頃、その爪牙として源家の勢力が擡頭した。しかし院政が開始されると、源家は勢力を失墜させ、平氏が勢力を伸張させた。

やがて平清盛が六波羅平氏政権を樹立したが、源頼朝が源平合戦で平氏を倒して鎌倉幕府を樹立した。しかし源家将軍が三代で断絶すると、鎌倉幕政の実権は、北条家（平姓）が掌握した。

鎌倉幕府滅亡から二年間は、後醍醐天皇による建武政権の時代だったが、これは短期間に過ぎたので、いまは不問に附しておく。

つまり北条家（平姓）の鎌倉幕府が倒れると、源姓の足利家が室町幕府をたてた。しかし室町幕府の十五代将軍足利義昭は、平姓を自称する織田信長に放逐される。そして豊臣秀吉を例外として脇におくと、やがて新田流の源姓だという徳川家康が現れて、江戸幕府を開くことになる。

このように見てくると、平安時代から明治維新の頃までの歴史は、つねに源平両氏が交替で政権を握ってきた、というようにも見えてくる。こうして自然発生したのが、「源平交替説」という歴史の見方である。

当然のことながら、頼朝の頃には、まだ発生してはいない。

『玉葉』によると、源平合戦初頭の養和元年（一一八一）七月、京都を占領していた平氏の頭越しに、頼朝は密書を後白河法皇に書き送った。

　まったく謀叛の心なし。ひとえに君の御敵を伐たんがためなり。しかれども、もしなを平氏を滅亡せらるべからずんば、古昔のごとく、源氏・平氏相並び、召し仕うべきなり。関東は源家の進止となし、海西は平氏の任意となし、ともに国宰においては、上より補せらるべし。ただ東西の乱を鎮めんがため、両氏に仰せ付けられて、しばらく御試みあるべし。かつは両氏いずれが王化を守り、誰か君命を恐るるや、もっとも両氏のふるまいを御覧ずべし。

頼朝が書いたこの文章には、源平交替説のような思想は、片鱗すらも窺えない。基本的に源平両氏は、同質のものとされているのである。

摂関政治期における源家の勢力伸張もなければ、院政開始後の平氏の擡頭もない。頼朝の頭の中にある「古昔」は、ただ「源家・平氏相並び、召し仕」われていた。強いて源平両氏の相違を言えば、「関東の源家、海西の平氏」というにとどまる。

いずれにしても源平交替説は、頼朝の頃には発生してはいなかった。この思想の片鱗が最初に窺われるのは、北畠親房の『神皇正統記』かも知れない。鎌倉幕府の滅亡と建武新政の成立とについて、次のように記している。

平治ヨリ後、平氏、世ヲミダリテ二十六年。文治ノ初、頼朝、権ヲモハラ（専ら）ニセシヨリ父子アヒツギテ三十七年。承久ニ義時（北条）、世ヲトリオコナヒシヨリ百十三年。スベテ百七十余年ノアヒダ、オホヤケ（天皇）ノ世ヲ一ニシラセ給コトタエ（絶）ニシニ、此天皇（後醍醐）ノ御代ニ掌《たなごころ》ヲカヘスヨリモヤスク一統シ給ヌル。

本来的には天皇が天下を支配すべきなのだという親房特有の思想から、権力の簒奪《さんだつ》者が平氏、頼朝

（源家）、義時（北条家―平姓）と交替したことは、とにかく認めている。

　これに似てはいるが、より素直なのは、『太平記』である。同じく鎌倉幕府の滅亡を語ったあと、巻十の末尾で、

　元弘三年五月二十二日ト申ニ、平氏《（北条）》九代ノ繁昌、一時ニ滅亡シテ、源家《（新田）》、多年ノ蟄懐《ちつかい》、一朝ニ開ル事ヲ得タリ。

と記している。

　このように源平交替説は、鎌倉幕府の滅亡を契機として、南北朝・室町時代に発生したのだった。鎌倉幕府の滅亡ということは、それほど大きな衝撃を世人に与えたのである。

　いずれにしても発生直後の源平交替説は、過去の歴史から帰納して得られたもので、たんに過去の歴史を見るときの一方法でしかなかった。

　ところが源平交替説は、しだいに発達して肥大化して行く。そして過去を見る一方法ということから、将来を予想するための原理へと変質したのである。いまの室町幕府の将軍は足利家（源姓）だから、次代の天下を握るのは平姓に違いない。このように考えるときの原理になったのである。

　このような変質の基礎には、室町幕府の衰退があったものと思われる。合戦と騒動が打ち続くなかで、次代の平和を待望したのである。つまりは応仁・文明ノ大乱（一四六七～七七）より以降に、この変質があったと考えられる。

源平交替説が帰納法から演繹《えんえき》法へと変質したとき、その原因となったものとして、もう一つのことも考えられる。鎌倉幕府を開いたのは源頼朝、室町幕府の創立者は足利尊氏（源姓）という二例から、幕府を開くことができるのは源姓だけという思想も帰納的に成立して、これが源平交替説の変質に影響を与えたのである。

このような思想的情況は、戦国時代末期の群雄の行動に、さまざまな悲喜劇性を与えることになった。過去を見る見方ではなく、将来に起こる事態に対処しようという、きわめて具体的な行動指針にもなったからである。

大江姓の毛利元就、長尾家（平姓）から出て上杉家（藤原姓）になった上杉謙信、もともとから平姓だった小田原北条家などは、ついに上洛しようとはしなかった。

上洛できたとしても、幕府を開くことができなかったからである。かりに上洛したとしても、命運すでに尽きかかっていた室町幕府に、最後的に終止符を打つということくらいしか、彼らにできることはなかった。それは世人から、手を汚すことと見られていた。

彼らとは反対に上洛戦を敢行しようとしたのは、足利庶流の源姓である今川義元と、甲斐源氏の武田信玄だった。ともに源姓だったから、上洛すれば幕府を開けると思ったのであろう。

このほかにも悲喜劇は、まだまだあった。

越前織田剣《つるぎ》神社（織田町）の社家だった織田家は、もともとは忌部《いんべ》氏だったと、『姓氏家系大辞典』

の太田亮氏は論証している。しかし明徳四年（一三九三）六月頃、織田信昌・将広父子は、藤原姓を称している。

そして織田信長自身も、天文十八年（一五四九）十一月には、「藤原信長」と自署している。

そして一度は流浪将軍足利義昭を擁して上洛すると、やがて天正元年（一五七三）七月、その義昭を放逐して室町幕府に終止符を打っている。手を汚すのを怖れなかったところに、信長の合理性が感じられる。

しかし、その直前の永禄七年（一五六四）頃から、信長は平姓を自称しだしている。源姓の足利家にとってかわって、天下に武を布くという決意を表明したのである。つまりは源平交替説を、みずから実践したことになる。

あれほど近代的だった信長でさえものが、源平交替説を信じていたのである。同じような例が、秀吉だった。

信長が平姓を名乗っていた頃、その一部将だった秀吉も、同様に平姓を名乗っていた。ところが信長が死んで自分が天下人になるや、流浪の前将軍足利義昭と交渉して、自分を養子にするよう命じている。

平姓だった信長の次だからというので、源姓になろうとしたのである。同時に征夷大将軍になって、幕府を開こうとも考えたのだろう。

このとき、義昭が承知していれば、養子のほうが一歳年長という妙な間柄が成立し、秀吉を将軍とする室町幕府の復活が、また見られたかも知れない。しかし義昭にも、名門の誇りがあった。百姓上がりの秀吉に源姓を与えるのを、断乎として拒絶している。

止むを得ず秀吉は、前関白近衛流藤原前久《さきひさ》の猶子《ゆうし》になった。そして天正十三年（一五八五）七月十一日、藤原秀吉として、関白に就任した。

源姓になれなかったので、幕府を開けなかった秀吉は、藤原姓になって公家政権を復活したのである。しかし、その実は武家政権だったので、直後の世人の批判憤慨は、きわめて大きかったらしい。

そこで同年九月九日、豊臣という新しい姓を、秀吉は考え出している。世人の批判を、こうしてかわそうとしたのである。結果として豊臣政権は、公家色と武家色とが入りまじった妙なものになって、結局、二代秀頼のときに滅び去ることになる。

徳川家康の家系にも、似たようなことがあった。もともとは「松平」と名乗っていたが、これは三河国賀茂郡松平郷（豊田市松平町）の郷名に由来していた。

本姓については、在原《ありはら》、賀茂、藤原、源など、諸説がある。前後の情況から見ると、本当は在原姓だったのではないだろうか。

家康から七代前の信光のとき、賀茂姓を名乗っている。応永二十八年（一四二一）頃、信光は賀茂郡松平郷から額田郡岩津城（岡崎市岩津町）に進出したので、かつて賀茂神社の神領だった賀茂郡の郡名をとったものだろう。

ちなみに徳川家の家紋は、よく知られているように「三ッ葉葵」である。賀茂神社の神紋は葵紋だから、これによったものと思われる。

この信光のしたこととして、奇妙なことが、岩津妙心寺に残る「由緒書上」に記されている。

「信光公、御盛年より開山上人に御帰依遊され、御陣旗に六字の名号を御直筆に遊され、

『南無阿弥陀仏
参河源氏　賀茂朝臣』

と御染筆」

一方では信光は「参河源氏」と名乗っていながら、同時に「賀茂朝臣」とも称していたのである。

そして永禄九年（一五六六）の暮れ、家康は松平から徳川へと、家名を変更している。織田信長の推薦があって、従五位下の三河守の官位を受けることになったからである。

それにしても自分で勝手に官位を名乗るならともかく、朝廷から正式に官職を受けるには、「由緒《ゆいしょ》書《がき》」を朝廷に提出する必要があった。

そこで家康は、ときの関白近衛流藤原前久に、

「毎年、馬一匹と銭三百貫文」

を送ると約束して、尽力を依頼したと、「日光東照宮文書」および『朝野旧聞裒藁《ちょうやきゅうぶんほうこう》』に記されている。

こうして同年十二月二十九日、目出たく家康は、従五位下の三河守になった。同時に松平―徳川家は、もともとは源姓だったが、途中で藤原姓にかわったということになった。

つまり家康は、源姓でもあり、藤原姓でもあるということになったのである。以降の家康が、この両姓を巧妙に使い分けたのは、もちろんである。

もともと新田流の源姓である房総里見氏に対しては、同じ源姓だと書き送っているが、同時に秀吉の前では、これまた同じ藤原姓を称したのである。天正年間（一五七三～九二）の家康文書には、「源家康」、「藤原家康」の両様の自署が見られる。

慶長三年（一五九八）八月に秀吉が死に、同五年九月十五日の関ヶ原合戦がおわると、家康は徳川という苗字を、新田世良田流の「得川」に引き付けて説明するようになる。

足利流源姓である吉良家から、「系図買い」をしたのである。征夷大将軍となって江戸幕府を開くのは、まさに目前にあった。

いずれにしても源平交替説などについては、恩師西岡虎之助先生の『源平時代』の末尾の文を借用するのが、もっとも正しいことのように思われる。

歴史をながめて帰納された事実を、こんどは演繹して、日本では、源平二氏が交互に政権を掌握するのだ、というふうなかんがえが現れたのであろう。

この源氏をなのる徳川氏の政権も、慶応三年（一八六七年）で終止符をうった。これについで、平氏の政権は、ついに現われなかった。

ただあるのは、日本の歴史のうえで、一二世紀中頃から一九世紀中頃まで、だいたい源平二氏となのるものが、交互に政権を掌握していたという事実だけである。

あとがき

日本の歴史をきわだった色彩で染めているものに、清和源氏の家系がある。鎌倉・室町・江戸の三幕府は、すべて清和源氏、あるいは清和源氏を自称した者によって、開かれている。

また現代においても、清和源氏の末裔だと称する人は、ひきもきらない。

にもかかわらず、『清和源氏の歴史』は、案外に知られていない。先年、『清和源氏の全家系』と題して、全六巻の書を世に問うたのには、そのような理由がある。

そして今、その『清和源氏の全家系』が三一新書で再刊されることになった。有り難いことだと思う。同時に『清和源氏の全家系』の再刊に先んじて、全部で二十一流の源氏や四流の平氏についても、報告しておくほうがベターだと考えた。これが、本書である。意のあるところが受け入れられれば、幸甚である。

なお、本書および『清和源氏の全家系』の発刊については、三一書房の林順治氏に多大の励ましと御協力を頂いた。記して感謝の意を表したい。

『天皇家と源氏』を読む

新井孝重

奥富敬之氏は武士団、ことに源氏についての著名な研究者である。『天皇家と源氏　臣籍降下の皇族たち』は一九九七年三一書房から新書の一冊として世に出されたものである。氏はここで武門の源氏のみならず、他のいくつもの源氏を網羅的にとりあげ、それぞれの淵源をきわめようとした。もともと源氏という氏族は、天皇家の皇親（親王・孫王）たちが皇籍からはずされ、臣下に列せられることによって、すなわち臣籍降下させられることによって成立した者たちである。天皇は姓名を与える存在で、姓名をもつ存在ではない。皇親たちが臣籍降下すると、とたんに姓名を必要とすることになる。そこで天皇がこれを与える。与えられたものは天皇を上位者とみとめ、忠誠を誓うということになるのだという。

臣籍降下は天皇家の側からみればひとつの財政策であった。皇親は世代を重ねるにつれ人数が増えるから皇室財政を圧迫することになる。そこで財政を維持するために皇親を天皇家の外へ出すのである。そのさいに天皇は「源」ならびに、一部「平」の姓を賜与する。奥富氏はこうした事象について、出す側の天皇家と出される側の皇親の両方に視点を当てて考える。代々の天皇がどのような事情を抱えていたか、また皇親がどの時点で外へ出たかを観察する。そして自分で喰わねばならなくなった旧皇親たち諸源氏（一部平氏）が、どのような軌跡をたどってゆくのかをみきわめている。

嵯峨天皇のときの臣籍降下は三十二名にのぼった。これだけの臣籍降下を父帝自身がおこなったというのはそれだけでも注目されるが、さらに以前は臣籍降下すると「岡」「清原」「弓削」などと一人ひとり別々に姓を与えていたのを、すべて「源」姓にしたことはさらに驚くべき措置であった。これ以後「源」姓賜与は通例となり、歴代天皇が与える姓の大部分は「源」ということになった。臣籍降下した親王、孫王は自分たちからさかのぼって、系譜の突き当たる天皇の名を冠して「～源氏」と称するのである。

奥富氏は臣籍降下（「～源氏」の成立）を古代中世にわたって通観することで興味ぶかい事実を発見した。すなわち嵯峨天皇以降の歴代を二十人ずつに分けて、それぞれの皇系で臣籍降下させた天皇の数をあげると、嵯峨天皇から後三条天皇までがおおく、白河天皇から後宇多天皇までをみると激減するというのである。この事実は臣籍降下が摂関政治から院政への転換、あるいは大寺院の門跡の発生とふかく関連していたことを物語るという。これは古代中世の政治構造、あるいは天皇制の存在形態をみるうえでとても重要な指摘であるといえよう。

*

さて奥富氏によれば、歴史上に成立した源氏の数は、嵯峨源氏以下すべてをあげると二十一流になるという。これらを本書ではくまなく紹介し、個々の源氏の実態を明らかにする。するとそこにはまことに多様な人間模様が見いだせる。自分で喰わねばならなくなった皇親たちが、どのタイミングに臣籍降下するかで人生がきまってくる、そうしたものであることにわたしたちは驚かされる。はやくに（親王世代に）臣籍降下すれば、天皇の七光りで宮中にあっても出世するが、遅れて（孫王世代に）臣籍降下すると天皇の余光は薄らぎ出世もままならず、ついには歴史から消えてしまうことがおおい。なかには醍醐天皇の第六皇子式明親王の次男親繁王のように盗賊になって洛中を荒らしまわることもあった。かれは源満仲の邸を襲って満仲の反撃にあい捕まった。

かれらはそうした厳しさを背負いながら、都市と農村とを問わずサバイバルの人生を送らねばならなかった。奥富氏の叙述からは臣下に列した皇親（諸源氏）たちの、生きるための、涙ぐましい努力がなまなましく読者に伝わってくる。摂関政治の盛んな時代に臣籍降下した宇多源氏の一流（敦実親王の子たち）のなかの源雅信の系統などは、生きるための道には藤原摂関家と抵触する政治の分野を意識的に避け、蹴鞠《けまり》、和琴《わごん》、笛、琵琶などの芸能や、学問の分野で身を立てた。摂関家との競合を回避したのだという。

清和天皇の第六男貞純親王の嫡男といわれる源経基のように、東国の国司となったついでに地方の紛争に関わり、そのまま兵の道を進んで「武家の名門」として生きてゆく源氏もいる。清和源氏と呼ばれるかれらは地方に基盤をもちつつ、都の藤原摂関家に臣従し従順な爪牙となって仕えた。また、同じ地方に新天地をもとめた源氏でも、宇多源氏の源扶義の系統（佐々木源氏）のように清和源氏に仕え、都、近江、相模、陸奥などとあちこちに姿をみせる一族もいた。扶義から四代目の佐々木秀義は清和源氏源為義の庇護をあおぎ、奥州と都のあいだをさかんに行き来している。あまり一か所にこだわらぬ商業的な道を歩んでいたようである。

このほかに臣籍降下したあとも天皇の藩屏として宮中に残り、特異な事件の中心人物として異彩を放つ源氏もいた。具平親王流の村上源氏がこれである。白河院政期に政界に躍り出て、平氏政権の時代には、この流れの俊寛が鹿ケ谷の陰謀事件を起こし、天台座主明雲は法住寺合戦で後白河法皇を守ろうとし討ち死にした。また鎌倉時代にはやはりこの流れの土御門通親がクーデターをおこして、親幕派の九条兼実らを追い落とした。鎌倉末期南北朝時代には通親の子孫である北畠親房、同顕家、千種忠顕、あるいは笠置挙兵失敗後に斬られた源具行らが後醍醐天皇の取り巻きとなる。

＊

臣籍降下して成立した諸源氏がいかに生きるために悪戦苦闘していたか、わたしたちはそうしたことに大いに興味を覚えるのであるが、本書の醍醐味はそこにとどまらない。奥富氏はさまざまな源氏の歴史を紹介しながら、それらにたんなる武家史にとどまらない、社会史的な論点をふくませているのである。たとえば先述した宇多源氏流の佐々木秀義のことについての叙述には、中世成立期の武士のもつ商業民の一面が想起される。おもしろいのは秀義の母と奥州の覇者藤原秀衡の妻とは同母の姉妹であって、安倍宗任の娘たちであったという指摘である。この血縁関係がもとになって、秀義はしばしば主君源為義の使者として奥州へくだった。矢羽根となる鷲羽と強い馬を調達するためであったという。

ここで読者に考えさせるのは秀義の奥州行が、はたして為義の命によるものだけだったのかということである。平安時代にはそれこそ「東は俘囚の地に至り、西は貴賀之嶋に渡る」商人がいた（『新猿楽記』）。伝承ではあるが京三条の金商人吉次も、京都と奥州のあいだを往復して商売をする人間であったという（源義経はかれに連れられて奥州へ下った）。こうした遠隔地間をうごく商業民の属性は、尾張国知多半島に根拠地をおく長田庄司忠致のなかにも見出せる。かれは「大徳人」といわれる商人武士で、京都と東国のあいだを動いていた。これらの者たちをみると秀義のばあいも、たんなる源為義の使いとしてではなく、かれ自身のもつ商業民的な属性から動いていたとも思える。

社会の生産力が低い平安時代にあっては、まだ地域の生産と市場関係がないから、モノ（特に高級な工芸品）は地元で賄うことはできない。このため遠くからやってくる遠隔地の商人にたよらねばならない。佐々木秀義の鷲羽や馬を運ぶ行動もこうした経済のあり方を背景においてみると、そこには多分に商人的なにおいがするのである。すこし話はそれるが、鎌倉に幕府を開いた源頼朝は、上洛のたびに院とその取り巻き、女性などの要人に高価な工芸品や砂金・布などを惜しげもなく贈呈している。

源頼朝は関東御分国や関東御領などの土地財産をもつが、高級な贈物財宝はそうした土地からただちに調達できるものではない。とすれば土地経済とは異なる別の経済（財源）をもっていたとも考えられる。そう考えると頼朝の基盤である御家人には、遠隔地交易をしてモノを動かす、富裕な商人武士がいてもおかしくはない。佐々木秀義はひょっとしてそのような人間ではなかったか、と思えてくる。ともあれ武家史にとどまらぬ、いろいろな想像をひろげたくなる材料が、奥富氏の論述には込められているのである。

＊

奥富氏の書物の素晴らしさは、叙述のなかにさまざまな論点が隠されているところにあるだけではない。なによりそれがわかりやすく、読むものを軽妙に引き付ける、そのうまさにあるとおもう。しかも登場する天皇も親王も孫王も、そして諸源氏の武士、公家たちについても、あとうかぎり生れた年と人生終焉の年をしるし、事件や成敗の智愚巧拙をまるで目に浮かぶように描きだす。真理は細部にやどるというが、奥富氏の叙述はつねにこれであると思う。しかもそれが煩瑣や難解にならず、反対におもしろみを生み読者を引き付けるのである。

学問に具体性を追い求める姿勢は、史跡探訪の場面でも発揮されていた。市民講座の受講生河野次昭氏によれば、みなで鎌倉を歩いたとき「先生は巻尺をもち磁石をぶら下げられていた」という。巻尺で若宮大路の南端と北端の道幅をはかり、浜から八幡宮方面へ行くにしたがい道が狭くなっているのをみなに気づかせた。そうして都市鎌倉を造営するにあたっても、中心部がはるか遠くにあるような距離感を敵にいだかせ、攻撃の困難さを感じさせるような工夫がなされていたことを説かれた。浜辺に出ると磁石を使って砂鉄がいっぱい付くのをみせ、鎌倉が刀剣製造の原料を確保するのに好適地であったことを熱っぽく説明されていたという。

奥富氏は平易で分かりやすい叙述をいったいどのようにして身につけたのか、わたくしにとっては真似たくもあり、その点でもいささか興味がある。以前にそれは奥富氏がなにより市民講座を大切にしていたことによるのではないか、市民に分かる講義をおこなおうとする意識からきていたのでは、と考えた。しかし本書を読むとそれだけではあるまい、という気持ちがわいてきた。それはいつも具体的な事実を重視しようとする学的姿勢と関連する、と思えてきたのである。歴史に登場する人物や事項についてあいまいさをのこさず明確に叙述する、そうすれば必然的に抽象的な表現や図式的な説明は排除され、だれもがわかる論になる。

だがこれをするには並の努力ではすまされない。行論中のことがらを一つひとつ丹念に調べ確認しながら叙述をすすめることが必要なのである。そう考えると、奥富氏の叙述の魅力はけっきょく氏の学問にたいする勤勉さと誠実さから由来すると解せられる。早稲田の西岡虎之助先生に師事した奥富氏は、おそらくそこで学問の何たるかを学び、勤勉さと誠実さを身につけたのであろう。最後までペンをにぎり、ひとに分かる歴史を描きつづけた奥富氏の人生には敬服するばかりである。

（獨協大学教授）

本書の原本は、一九九七年に三一書房より刊行されました。

著者略歴

一九三六年　東京都に生まれる
一九七一年　早稲田大学大学院文学研究科史学専攻国史専修博士課程修了
元日本医科大学教授
二〇〇八年　没

〔主要著書〕
『鎌倉北条氏の基礎的研究』(吉川弘文館、一九八〇年)、『鎌倉武士　合戦と陰謀』(新人物往来社、一九八六年)、『鎌倉史跡事典』(新人物往来社、一九九七年)、『清和源氏の全家系』全六巻(新人物往来社、一九八八〜九一年)、『鎌倉北条氏の興亡』(吉川弘文館、二〇〇三年)、『日本家系・系図大事典』(東京堂出版、二〇〇八年)、『吾妻鏡の謎』(吉川弘文館、二〇〇九年)

読みなおす日本史

天皇家と源氏
臣籍降下の皇族たち

二〇二〇年(令和二)三月一日　第一刷発行

著　者　奥《おく》富《とみ》敬《たか》之《ゆき》
発行者　吉川道郎
発行所　株式会社 吉川弘文館
郵便番号一一三―〇〇三三
東京都文京区本郷七丁目二番八号
電話〇三―三八一三―九一五一〈代表〉
振替口座〇〇一〇〇―五―二四四
http://www.yoshikawa-k.co.jp/

組版＝株式会社キャップス
印刷＝藤原印刷株式会社
製本＝ナショナル製本協同組合
装幀＝渡邉雄哉

ISBN978-4-642-07114-7

読みなおす日本史

刊行のことば

現代社会では、膨大な数の新刊図書が日々書店に並んでいます。昨今の電子書籍を含めますと、一人の読者が書名すら目にすることができないほどとなっています。ましてや、数年以前に刊行された本は書店の店頭に並ぶことも少なく、良書でありながらめぐり会うことのできない例は、日常的なことになっています。

人文書、とりわけ小社が専門とする歴史書におきましても、広く学界共通の財産として参照されるべきものとなっているにもかかわらず、その多くが現在では市場に出回らず入手、講読に時間と手間がかかるようになってしまっています。歴史の面白さを伝える図書を、読者の手元に届けることができないことは、歴史書出版の一翼を担う小社としても遺憾とするところです。

そこで、良書の発掘を通して、読者と図書をめぐる豊かな関係に寄与すべく、シリーズ「読みなおす日本史」を刊行いたします。本シリーズは、既刊の日本史関係書のなかから、研究の進展に今も寄与し続けているとともに、現在も広く読者に訴える力を有している良書を精選し順次定期的に刊行するものです。これらの知の文化遺産が、ゆるぎない視点からことの本質を説き続ける、確かな水先案内として迎えられることを切に願ってやみません。

二〇一二年四月

吉川弘文館

読みなおす
日本史

読みなおす日本史

鎌倉幕府の転換点『吾妻鏡』を読みなおす
永井　晋著　二二〇〇円

奈良の寺々古建築の見かた
太田博太郎著　二二〇〇円

日本の神話を考える
上田正昭著　二二〇〇円

信長と家康の軍事同盟利害と戦略の二十一年
谷口克広著　二二〇〇円

軍需物資から見た戦国合戦
盛本昌広著　二二〇〇円

武蔵の武士団その成立と故地を探る
安田元久著　二二〇〇円

天皇家と源氏臣籍降下の皇族たち
奥富敬之著　二二〇〇円

古代日本語発掘
築島　裕著　（続　刊）